最後の頭取

北海道拓殖銀行破綻20年後の真実

北海道拓殖銀行元頭取
河谷禎昌

ダイヤモンド社

はじめに

１９９７年11月17日、北海道拓殖銀行（以下、拓銀）は、巨額の不良債権を抱えて経営破綻しました。13代目頭取の私は、図らずも「最後の頭取」となりました。

道内では「たくぎん」、道外では「ほくたく」。こんな略称で呼ばれていた拓銀は、１９００年に「北海道拓殖銀行法」という特別法に基づいて設立された〝国策銀行〟でした。未開の地だった北海道を開拓する長期資金を供給する狙いで、政府も出資。戦前や戦中は、北海道庁とともに北海道の開発を牽引しました。

日本の領土だった樺太にも支店を有する唯一の銀行でもありました。戦後は普通銀行へと転換。北海道のリーディングバンクとして、道内経済を支える〝金庫番〟を長らく担いました。破綻当時の預金総額は、約５兆９０００億円、公表不良債権は９３４９億円。都市銀行の経営破綻は国内初で、当時としては日本金融史上最大の破綻でした。

何もなければ、３年後に創立１００周年を祝うはずでした。

破綻当時、約５２００人いた行員やその家族、多くの融資先や取引先に多大な迷惑をかけてしまったことは、今も申し訳なく思っています。

破綻に追い込まれた要因は一つではありませんが、最も大きかったのはバブル経済の崩壊です。

拓銀は、1955年から全国規模でビジネスを展開する都市銀行として業務を展開していました。とはいえ、13行あった都銀のなかでは、業容や収益力はいつも最下位。道外や海外では知名度も低かったのです。地方銀行の横浜銀行にも業容で抜かれていましたが、都銀としてのプライドはなかなか捨てきれませんでした。

日経平均株価が3万8915円87銭の過去最高値をつけた1989年、山内宏氏が拓銀頭取に就任。その翌年、「たくぎん21世紀ビジョン」という新構想を打ち立て、株式や不動産のバブルを取り込もうとしましたが、時すでに遅し。首都圏や関西圏のみならず、道内でもバブルは崩壊の過程に入り始めていたのです。

このビジョンに盛り込まれたインキュベーター（新興企業育成）路線によって不動産やリゾート産業への融資に過度に傾斜し、のちに破綻の傷口を広げることになりました。

私が山内氏から頭取をバトンタッチされたのは、1994年でした。バブル崩壊の影響が、多くの産業や金融界にも目に見えて出始めた頃です。株価が下がって株の含み益は吹っ飛び、貸し出しの担保である不動産の価格もどんどん下がっていました。

何もしなくても、不良債権額がどんどん増えていく。まさに「悪夢」のような状態でした。マスコミ報道で「危ない銀行」と名指しされ、拓銀のイメージは急速に悪化しました。大量の預金が流出して資金繰りが厳しくなり、破綻の時期が早まることになったのです。

破綻から1年たった1998年11月、拓銀の道内の営業は北洋銀行に、道外の営業は中央信託銀行（現・三井住友信託銀行）にそれぞれ譲渡されました。その4カ月後、私は北海道警察に商法の特別背任罪の疑いで逮捕されました。

バブル崩壊後、多くの破綻した金融機関の経営トップが、不正融資や不良貸し付けにからんで相次いで刑事責任を問われました。1995年の東京協和信用組合、安全信用組合に始まり、2003年までの8年間でトップたちが逮捕された金融機関は30を超えました。私も、その1人となったのです。

リゾート開発グループ向けの追加融資について「回収の見込みがないのに、自己の保身を目的に融資を続けた」とされました。法廷で、私は一貫して無罪を主張しました。すべての融資は、銀行の損失を最小化するための経営判断として行ったことであり、自己保身という意識はかけらもなかったからです。

しかしながら、最高裁で有罪が確定。2009年から約1年7カ月間、刑務所で服役しました。刑事責任を問われた金融機関のトップの大半は執行猶予がついたり、無罪になったりしており、大手銀行のトップで刑務所に収監されたのは結局、私ひとりです。

振り返れば、約40年に及んだ私の銀行員生活は、戦後の銀行界の歩みと重なります。入行は１９５７年でした。その前年に経済企画庁が経済白書で「もはや戦後ではない」とうたい、国民総生産（ＧＮＰ）が戦前の水準を上回った頃です。１９５８年には1万円札も発行されて、北海道経済も順調に拡大しました。

60年代から70年代にかけての高度経済成長期は、札幌や東京、横浜を行き来しながら、銀行マンとしての基礎を学びました。東京オリンピックや大阪万国博覧会、札幌オリンピックなどのビッグイベントにあわせて、道路や鉄道など多くの社会インフラも整備されていきました。２度の石油ショックもありましたが、日本の社会全体は前向きでした。「明日は今日よりも生活がよくなる」と信じることができた映画『ＡＬＷＡＹＳ 三丁目の夕日』のような時代でした。

実体のともなわないバブルに日本中が踊ったのが、１９８０年代後半です。個人も企業も、右肩上がりで価格が上がり続ける神話を信じて積極的にカネを借り、モノを買いました。株、土地、ゴルフ会員権への投資……空前の「財テクブーム」が生まれたのです。

日本の土地資産の時価総額はピークには2000兆円を超えて、米国全体の4倍にも達しました。日本の1人あたりGDPは米国を抜き、日本型経済モデルが世界で注目されるようになったのも、この頃です。バブル真っ盛りの3年間、私は東京駐在の取締役となり、その狂騒ぶりを眺めていました。

そして、90年代。バブルが崩壊すると、日本経済は長い「デフレ」というトンネルに入りました。たび重なる政府の景気対策にもかかわらず、景気は低迷が続きました。銀行は、膨らみ続ける不良債権に苦しみ続けることになります。

2000年代に入ってからの銀行業界は、大規模な再編や統合が相次ぎました。かつて「大手21行」と呼ばれていた都市銀行や長期信用銀行、信託銀行は、最終的に4グループへと集約されました。かつての名前のままで生き残れた銀行は1行もありません。

日本経済は現在、日本銀行による異次元緩和政策によって未曽有のカネ余り状態にあります。株価や不動産価格も上昇し、「バブル経済の再来ではないか」という声がある一方、長引く低金利が銀行の経営を直撃しています。

銀行業は低金利で調達した資金を高金利で貸し出し、その利ざやで稼ぐのが本業ですが、利ざやは縮小しており、貸し出しも伸び悩んでいます。金融庁の調べでは、地方銀行

１０６行のうち、２０１８年３月期決算で本業が３期以上連続赤字だった銀行は約４割の40行にもなっています。

　地方銀行は県境を越えた合併や経営統合による規模拡大で、メガバンクは人員削減や支店の統廃合といった構造改革で、ともに生き残りを図ろうとしています。これからの銀行はどうなるのか。銀行受難の時代を迎え、不安を抱えながら仕事をしている行員も多いのではないでしょうか。

　バンカーともいう「銀行員」は、経済の血液であるマネーを社会に循環させる、日本の経済インフラを支える大切な職業です。この仕事は昔も今も将来も、社会にとって必要不可欠であり、私はこの職業に誇りを持っています。

　たまたま入った拓銀で13代目の頭取になったものの、力及ばずに破綻に至りました。70歳を過ぎてからの刑務所暮らしも経験しました。波瀾万丈の人生だと自分でも思いますが、「おもしろい人生」でもありました。

　私を清朝最後の12代皇帝であり、のちに満州国の皇帝となった愛新覚羅《あいしんかくら》溥儀《ふぎ》になぞらえて「ラストエンペラー」と呼ぶかつての部下もいますが、どこか重なる運命を感じます。

　私を支えてくれたのは、５歳年上の姉さん女房の節子《せつこ》です。いつも「上にへつらってまで出世する必要はない」と言ってくれたことで、自分の信念を貫くことができました。

破綻してから20年間、マスコミの取材を断ってきたのは、節子が強く反対したためでした。拓銀の破綻前後は昼夜を問わず、マスコミが自宅に押しかけましたが、彼女は体を張って私を守ってくれました。その時の嫌な思いが忘れられなかったからでしょう。


そんな節子も2017年5月に先立ちました。私たちには子どもはおりません。破綻から20年が過ぎて、自分にけじめをつけるため、この本を書くことにしました。

戦後、銀行行政は大きく変化しました。横並びの護送船団方式が、バブル崩壊と金融危機を経て、自由化へと流れてきました。銀行員という職業を通じて、私は昨日までの常識やルールが一夜にして変わる場面に何度も遭遇しました。心臓が凍るような修羅場も経験し、多くの失敗も重ねました。

これから皆さんも、形は違えど、時代の転換期に直面することがあるかもしれません。そんな時、どうすればよいのか。私の体験記から、何かしらの教訓を見つけて、自らの人生に生かしていただければ幸いです。

河谷禎昌

第3章　司法と私

第4章　トップとビリ

第5章 バブルの実相

第6章

合併構想

第7章

破綻の真相

第8章

特別背任という罪

第9章

バブルとは何だったのか

第10章 旅の終わりに

第1章

天国から地獄へ

逆転有罪、懲役2年6カ月の実刑

２００６年8月31日の昼でした。

「残念ですが、逆転有罪でした。懲役2年6カ月の実刑です」

日浦力弁護士からの電話に、天国から地獄へ突き落とされた気持ちになりました。

この日は、札幌高等裁判所で、拓銀の乱脈融資事件の控訴審の判決が言い渡される日でした。被告人の私は裁判所には出向かず、市内の自宅で妻と一緒に待機していました。

伝え聞いたところによると、札幌高裁庁舎で最も大きい5号法廷で、判決文が読み上げられると、一般傍聴席は一瞬静まりかえり、ざわついたそうです。

天国から地獄へと突き落とされたのは、私だけではありませんでした。同じく被告人だった山内宏・元拓銀会長も懲役2年6カ月、共謀共同正犯とされたリゾート開発会社のソフィアグループの中村揚一・元社長は懲役1年6カ月を言い渡されました。

「3人とも一審は無罪だったのに、なぜ……」

私たちは、商法の特別背任罪に問われていました。

旧商法の４８６条（現在は会社法９６０条）に定められていた特別背任罪は、株式会社の発起人、取締役、監査役などが、自己または第三者の利益を図る目的で、その任務に背き、会社に財産上の損害を発生させた場合に成立します。罰則は、10年以下の懲役又は1000万円以下の罰金です。

裁判で問題とされたのは、拓銀が破綻前の1994年から97年にかけて、ソフィアグループ（本社・札幌）に対して複数回にわたって行った追加融資でした。

融資の舞台となったのが、札幌市の北端に位置する茨戸《ばらと》地区にバブル最盛期の1988年にオープンした「札幌テルメ」という健康リゾート施設です。「国内初の都市型健康リゾート」がうたい文句でした。

発寒《はっさむ》川、創成川、伏籠《ふしこ》川が茨戸川へ流れ込む合流地点にあり、「バラト」という名前は、アイヌ語で「広い沼」を意味する「パラ・ト」が由来です。総事業費110億円をかけて、もともとは農地だったところを買収し、大小六つのプールや、大浴場、サウナ、レストランを備える大型リゾート施設をつくりました。

ソフィアグループは、理容師の中村揚一氏が札幌市で1972年に創業しました。札幌駅に近いホテルに「サウナのある理容店」を開業したのが始まりとされています。積極的な店舗展開により、一代で美容室チェーンの「ソフィア中村チェーン」を築きました。

中村氏が欧州の「クアハウス」（温泉保養施設）をヒントに札幌テルメの構想を思い立ち、そこに接近したのがバブルの波に乗って新興企業への融資を増やそうとした拓銀でした。

当初、ソフィアグループに肩入れしていたのが拓銀の法人部です。私の同期入行である海道弘司が部長を務めていました。私と海道は、少なからぬ縁があります。ともに北海道大学卒で、私の結婚の仲人を務めたのが、海道の父である俊夫さんだったのです。

海道とはほぼ同じ時期に常務取締役となり、机を並べたこともありました。しかし、彼が推進したソフィアなど新興企業向けの融資が、のちに拓銀が破綻する一因になるとは思ってもみませんでした。

大きな滑り台や屋外型の温水プールが充実していた札幌テルメは、積極的なテレビＣＭなどの効果もあって人気を集めましたが、バブルが崩壊してからは経営が急速に悪化しました。

そこで、拓銀やソフィアの関係者が期待をかけたのが、国際流通グループ・ヤオハンの進出でした。バブル当時のヤオハンは、創業者の和田一夫氏が強力なリーダーシップで、世界各国で店舗を展開。文字通り、飛ぶ鳥を落とす勢いでした。

ヤオハンが茨戸地区に進出するという構想をあてこんで、大型ショッピングセンターや遊園地などを併設した大規模リゾート施設へ発展させる計画が持ち上がったのです。

その第一弾として、ソフィアグループは1993年、札幌テルメの隣接地に11階建ての「テルメインターナショナルホテル札幌」を開業させます。総事業費450億円で、約3000人収容の国際会議場を併設する豪華さが売りでしたが、初年度から赤字経営でした。

翌年にはヤオハンが進出をとりやめるなどしたために、大型リゾート計画は頓挫してしまいました。


その時点で拓銀が追加融資を打ち切れば、ソフィアグループはただちに倒産するという厳しい経営状況に置かれていました。

拓銀は、山内氏が頭取だった1994年4月から同年6月にかけて計8億4000万円、私が頭取だった94年7月から97年10月にかけて計77億3150万円のソフィアグループに対する融資を実行しました。

しかし、その後も赤字は続き、結局は倒産してしまいました。グループ3社の負債総額450億円の大半は拓銀からの融資で、拓銀に大きな損害を与えることになりました。

検察側は、この追加融資を「回収の見込みがないまま、自分たちの保身のために十分な担保を設定せず、赤字補塡《てん》の融資を続けて、拓銀に損害を与えた」と認定し、当時の頭取だった山内氏と私を特別背任罪に問うたのです。

違法行為の発覚を恐れて融資？

大まかに言えば、検察が描いたストーリーは次のようなものです。

「融資を打ち切れば、ソフィアの倒産に直結し、ソフィアが買収した農地を巡る農地法違反や国土利用計画法違反が発覚し、融資した拓銀グループの経営陣に対する責任追及に発展しかねないと考えた。それを回避するために、追加融資の実行を決定した」

特別背任罪が成立するには、①「図利加害《とりかがい》の認識」（自己あるいは第三者の利益を図る）、②「任務違背《いはい》」（当然なすべきだと法的に期待される行為をしなかった）、③「財産上の損害」の3要件が必要とされています。

検察は、山内氏と私には①図利加害の認識、②任務違背、③財産上の損害、のいずれもがあったとして「特別背任罪にあたる」としたのです。

検察側の主張のもとになったのは、拓銀の委嘱を受けて、破綻後の1998年3月に設立された「与信調査委員会」がまとめた調査報告書でした。

この調査委は、大蔵省の業務改善命令に基づき、設置された第三者機関です。東京都中央区にある拓銀東京本部内に置かれ、破綻の原因をつくった過去の融資に法的な問題点がなかったかどうかを洗い出しました。

報告書は、ソフィアグループ向けの融資について、次のように指摘しています。

「(拓銀は)当初その事業計画の妥当性・採算性等を十分に検討することなく積極的に多額な融資をし、途中から回収の困難性に気づいたものの、融資先の破綻により関係者の違法行為が明らかになることをおそれて、営業収支が合わず回収見込みが薄いことを知りながら救済融資を続けたことが認められる」

調査委のメンバーは、日本弁護士連合会が推薦した委員5人、常置代理人5人、総務担当1人の計11人で、いずれも東京の弁護士でした。

委員長を務めたのは、日弁連元会長の土屋公献氏。調査委は報告書に基づき、同年10月に私と山内氏を特別背任罪に問う告発状を東京地検に提出。その後、北海道警にも同様の告発状を提出しました。

1999年7月22日、札幌地裁で公判が始まりました。私と、同じく被告となった山内氏は、ともに無罪を主張しました。

ソフィア向けの融資は、いずれも銀行の正規の会議で、合議制によって決定したものでした。倒産してしまえば、融資した資金の回収は絶望的になる。ソフィアの経営を継続することによって、少しでも多くの貸付金の回収を図り、銀行の損害を最小化する。これこそが追加融資の狙いでした。

つまり検察が主張する、特別背任罪の構成要件である「図利加害の認識」と「任務違背」については、私と山内氏はともに持っていなかったのです。共犯とされた中村氏も同様の認識で、無罪を主張しました。


公判は月2回のペースで開かれ、足かけ4年間で59回にのぼりました。証人尋問や被告人質問も十分な時間がとられ、私や山内氏を取り調べた検事の証人尋問なども行われました。

2000年4月の第18回公判から担当になった小池勝雅裁判長は、丹念に証拠を吟味してくださり、検察の調書を鵜呑みにするようなことはありませんでした。訴訟指揮も真摯な姿勢で臨まれていました。

法廷で検事が私のことを「河谷」と何度も呼び捨てしたことに対し、「呼び捨てはやめて、

『さん』付けで呼びなさい」とたしなめてくれたことをよく覚えています。

２００２年5月30日、検察側は私と山内氏に懲役5年、中村被告に懲役3年をそれぞれ求刑しました。私は「特別背任にあたるような犯罪はしていない」と思っていましたから、公判後のマスコミの取材にこう話しました。

「個々の融資をみれば、任務違背というとらえかたもあるが、それでは木を見て森を見ないことになる。森を見た判断をしてほしい」

２００３年2月27日の札幌地裁判決は、そんな私の願いに正面から応えてくれる内容でした。小池裁判長は「融資はずさんで、頭取としての任務に背いていたが、経営責任の追及を回避する目的で融資を実行したと認定するには合理的疑いが残る」などとして、特別背任罪の成立を否定し、私を含む３人の被告に無罪を言い渡したのです。

小池裁判長は宣告後、「刑事裁判としては無罪だけれども、拓銀に多大な損害を与えたことは間違いないのだから、今後はこのことを忘れずに生活していってほしい」と私たち３人に語りかけました。

しかし、その3年後の２００６年8月、札幌高裁の長島孝太郎裁判長は一審の無罪判決を破棄し、逆転有罪と結論付けました。

判決は私と山内被告はともにソフィアグループが倒産すれば、それまでの融資に関する責任が追及されるので「自己保身のために融資を続けた」としたうえで、「拓銀に損害を与えることを認識していた」と認定。控訴した検察側の主張にほぼ沿う内容でした。

私は、一審判決とは真逆の結論にどうしても納得がいきませんでした。60回近い公判を重ねた一審に対して、控訴審はたった1回の公判で結審したからです。

2005年12月に行われたこの公判は、融資の決定過程を巡る細かな点を私と山内氏に問うといった内容で、2時間弱であっさり終わりました。多くの法曹関係者は、1度限りの公判で刑事事件の無罪が有罪に一転することは極めて珍しいと口をそろえました。実際、執行猶予がつかない実刑判決になるとは思いもよりませんでした。

一審は「追加融資は私利私欲のためではなく、本当に銀行のためにやったこと」という、私たちの主張を細かく検討してくれました。しかし、二審は、「もし問題が発覚したら株主代表訴訟を起こされたり、経営責任を追及されたりする状態にあったから、それを回避するためにやった」などと説得力のある根拠もないままに、有罪を認定しました。

もし合理的な根拠が書いてあれば、なるほどと思ったかもしれませんが、二審判決にはまったくなかったのです。

執拗に被告人質問を求めた裁判長

いやな予感が、まったくなかったわけではありません。検察は控訴にあたって、裁判所に異例ともいえる約400ページにわたる控訴趣意書を提出し、控訴理由を詳細に記していました。

控訴審を担当した長島裁判長の印象は、第一審の小池裁判長とは違いました。表情や話し方、質問の仕方……。すべてが検察官のようでした。「これは有罪ありきの裁判長だな」。内心、そう感じていましたが、皮肉なことに悪い予感が当たってしまいました。

山内宏被告の弁護を担当した和田丈夫弁護士も、札幌高裁の審理手続きの観点から、二審判決について疑義を投げかけています。

公判準備のために裁判官、検察官、弁護人の三者で行われた打ち合わせの場で、長島裁判長は「執拗に」被告人質問を行うよう、検察・弁護人に勧めてきたというのです。

検察側は最初、一審で提出していない会議資料や、無罪判決後に補充取り調べをした数名の検察官調書を含む合計30点余りの書面証拠しか準備していなかったそうです。弁護側も、新たに補充して立証する予定はありませんでした。

検察側、弁護側ともに被告人質問をする予定はなかったにもかかわらず、長島裁判長は

「一審は無罪判決ではあるが、争点の一部は弁護人らの主張に沿わない認定部分もあり、その点について被告人らの言い分、あるいは控訴趣意書に対する反論等を直接、被告人から聞く必要はないか」「控訴審においては、原審が無罪判決の場合、被告人質問を行うのが一般的とも考えられるが、いかがか」などと勧奨してきたといいます。

検察側がそのすすめに応じた結果が、私と山内氏の両被告に対して行われた各30分程度の質問だったのです。

元裁判官で判例にも精通する和田弁護士は「ともかく長島裁判長は、事実の取り調べをしたという形跡を残したかったのではないか」と指摘しています。高裁が一審無罪の判決を破棄して有罪判決を出すには、「控訴審で事件の核心について取り調べをしなければならない」という最高裁の確立した判例をクリアする必要があったからです。

和田弁護士は「長島裁判長は初めから有罪判決を決め、それを最高裁に認めさせるために、一審判決を覆すのに必要な事実の取り調べを行うことにこだわったのではないか」と話しています。

私の弁護団の1人も「長島裁判長が打ち合わせの席で、執拗に被告人質問を求めたことはよく覚えている」と話していました。札幌の弁護士業界では、長島裁判長は「検察寄り」

の裁判官として見られていたことも後から知りました。

私たち3人は最高裁に上告しましたが、２００９年11月9日、最高裁（那須弘平裁判長）で棄却されて、二審の札幌高裁判決が確定することになりました。

弁護側は上告趣意書で札幌高裁における審理手続きの問題点も指摘したのですが、最高裁は「原審が、一審判決を破棄して有罪判決をするための事実の取り調べをしたと認められる」として上告を棄却しています。

私と拓銀が狙われた理由

逮捕から11年。その間、無罪から有罪へと、私の立場は天国から地獄へと大きく変わりました。この経験を通して、私が感じたのは、拓銀の特別背任事件は「国策捜査」であり、「国策裁判」にほかならなかったということです。

では、なぜ拓銀と私が、国策捜査と国策裁判のターゲットになったのか。

これを解き明かすためには、まず銀行行政の長い歴史を振り返る必要があります。

明治時代の銀行は、今では想像もつきませんが、多くが零細企業でした。このため、何かあると簡単に潰れました。銀行の設立が厳しく規制されていなかったので、ある程度の資金があれば、誰でも設立できる半面、簡単に潰れたのです。

そこで大蔵省は少数の巨大金融機関に集約すべきだと考えて、戦時中は金融機関に合併を奨励し、大規模化を促しました。

戦後、大蔵省は信用秩序を維持するため、金融機関を潰さないことを最優先とし、「護送船団行政」をとりました。最も速度の遅い最後尾の船に合わせなければならない船団の護送と同じやり方で、最も経営が弱い金融機関に目配りし、落伍者を出さないようにする、という行政手法でした。

当時は、経営が苦しくなった金融機関が出ると、日本銀行やほかの金融機関に支援を求めるのが一般的で、よく用いられていたのが「奉《ほう》加帳《がちょう》方式」でした。寄付を求めて帳面を回すように、救済のために横並びで資金を拠出する仕組みです。

こうした秩序を維持するために大蔵省が活用したのが、銀行法に基づく許認可権限です。これを楯に、金融機関の店舗数や金利水準から広告のスタイル、配当政策に至るまで、網の目のような規制を敷きました。それは「箸の上げ下ろしにも口を出す」とされたほどです。この結果、1990年代前半までは、銀行、生命保険、損害保険会社は1社も潰れず、日本では金融機関は潰れないという「不倒神話」が信じられるようになりました。
しかし、その一方で過保護ともいえる行政指導は、金融業界に過度な「横並び意識」をもたらしました。各金融機関は大蔵省のご機嫌伺いに執心し、一部では〝馴れ合い〟を生み、のちに刑事事件となる「大蔵省接待汚職事件」にもつながりました。

平成に入り、欧米諸国から日本に対し、金融自由化の圧力が強まっていきます。まず1993年に子会社方式による証券、銀行、信託の相互参入の道が開かれます。厳しく規制されていた金利も段階的に自由化され、94年には当座預金を除く預金金利が自由化されました。

96年には橋本龍太郎首相が「フリー・フェア・グローバル」のかけ声のもと、2001年を目標とする金融制度改革「日本版金融ビッグバン構想」を打ち出しました。銀行による投資信託の窓口販売の解禁や金融持ち株会社の導入、証券会社の免許制から登録制への移行などが改革の柱でした。

大幅に規制が緩和され、自由化が進んでいきます。大蔵省による銀行行政は、裁量に基づく事前予防型から、ルールに基づく事後チェック型へと転換していくことになりました。ちょうど同じタイミングで、金融業界でバブル崩壊の傷口がじわじわと広がりました。

1990年から91年にかけては、四大証券会社による大口顧客に対する損失補填が発覚しました。

91年には富士銀行、協和埼玉銀行、東海銀行で巨額の不正融資事件が発覚。東洋信用金庫は巨額の偽預金証書事件が起きて、破綻に追い込まれました。

不祥事が相次ぐなかで、大蔵省と金融業界の癒着体質が厳しく非難されるきっかけとなったのが、住宅金融専門会社（住専）でした。

住専は1970年代に、住宅ローン需要に対応するため、都市銀行や信託銀行、長信銀などが出資して住宅ローン専門の会社として設立されたノンバンクです。

それが80年代に入ると、出資した銀行（母体行）が、本体で個人向け住宅ローンを取り扱うようになって競争が激化。住専各社は不動産関連融資に傾斜するようになりました。

これら融資の大半は、バブル崩壊によって不良債権になったのです。その損失処理のために公的資金約6850億円を投入する「住専処理法」が、すったもんだの議論の挙げ句、96年6月に国会で成立しました。

この時、政府は農林系金融機関を救済しようとして強引に処理を決めたため、国民の間に金融機関への公的資金投入に対する強い拒否反応を生むことになりました。

不良債権問題は、金融機関の貸し渋りや貸しはがしを生み、金融システムの不安定化にもつながっていきました。そこで、大蔵省は92年に大手銀行の不良債権額の概数を発表。翌年には不良債権の買い取り会社「共同債権買取機構」を設立するなど、早期処理が促されるようになりました。

当初、大手行は不良債権を実態よりも少なく見積もって損失の発生を防いでいましたが、年を追うごとに景気は後退し、処理の先送りは難しくなっていったのです。

公的資金投入のための「いけにえ」

この難局を打開するには、公的資金の大量投入が不可欠というのが専門家の一致した意見でした。しかし、住専問題のトラウマもあり、大手行を救うために国民の血税を投入することには、マスコミや世論の拒否反応が強かった。

「何らかのスケープゴート（いけにえの山羊）を用意しなければならない」

そう考えた政府が標的として選んだのが、拓銀だったのです。

拓銀が選ばれた最大の理由は、破綻しても日本経済全体への影響が小さかったからです。北海道は当時、人口や純生産の規模の全国シェアから「5％経済」と言われていました。

「ほかの大手行と違って、破綻の影響はほぼ道内限定だから大丈夫だろう」と金融当局は考えたのだと思います。

1997年に破綻したのは、拓銀だけではありません。まず10月に京都府の第二地方銀行である京都共栄銀行が破綻しました。11月に入ると、3日に準大手証券の三洋証券が会社更生法の適用を申請。拓銀が破綻した1週間後の24日には拓銀の主幹事証券会社だった山一証券が自主廃業に追い込まれました。さらに26日、当時の三塚博大蔵相のお膝元だった宮城県の第二地方銀行、徳陽シティ銀行が経営破綻しました。

都市銀行や四大証券の一角が破綻したことによって、金融システムは大混乱に陥ります。不良債権を何とかしなければ、金融システムそのものが崩壊して「日本発の世界恐慌」を引き起こしてしまう。そんな危機感が金融市場や経済界のみならず、日本社会全体に広がりました。

そこで、政府は97年末に金融危機対策として、銀行に正確な不良債権を公表させるとともに、その結果に応じて破綻処理や前もって是正措置をすることを決めました。あわせて、総額30兆円の公的資金を活用する仕組みをつくることも決まりました。

翌98年2月には金融システム安定化法をつくって公的資金を投入する仕組みが整い、3月には大手行21行に対して総額1兆8156億円の公的資金が注入されます。

さらに10月には、「金融再生関連法」と「金融機能早期健全化法」が成立。日本長期信用銀行と日本債券信用銀行の「特別公的管理」(一時国有化)へとつながっていきます。

その後、大手行は「国際競争力の強化」の名のもとに相次いで再編されました。

2000年には日本興業銀行、第一勧業銀行、富士銀行の3行が統合してみずほホールディングスが誕生します。01年には住友銀行とさくら銀行が合併して三井住友銀行に、三和銀行、東海銀行、東洋信託銀行が経営統合してUFJホールディングスが発足しました。03年には大和銀行とあさひ銀行がりそな銀行として経営統合。そしてUFJホールディングスは05年に三菱東京フィナンシャル・グループと合併し、三菱UFJフィナンシャル・グループとなりました。

1980年代に拓銀を含めて13行あった都市銀行は今では4行になりました。昔のままの名前で残っている銀行は1行もありません。

ここまで書いてきたように、拓銀がスケープゴートとなり、経営破綻したことは、巨額の公的資金を投入して、預金者を保護しつつ、銀行界が不良債権処理を進める方向へ大きく転換するきっかけになりました。

そのことは、銀行界の大再編にもつながり、日本の金融システムを大きく変える分水嶺になったことがわかっていただけると思います。

燃えさかった国民の処罰感情

私もまたスケープゴートとなる運命を背負うことになりました。

破綻した金融機関の経営者に対する当時の世論は、非常に厳しいものがありました。昨日まで大きな顔をして上座に座っていた銀行を、税金を使ってまで救済することは我慢ならない。

代償として、経営者は刑事・民事両面から責任を追及され、罰せられるべきだという考え方が主流でした。捜査当局は、この燃えさかる処罰感情を「国策捜査」の追い風として利用したのだと思います。

経済界では、「経営責任」と「刑事責任」は分けるべきだという考え方が一般的です。経営上の判断ミスで企業が倒産してしまったり、損失を生じさせてしまったりすることはままあるからです。

それらのミスですべての経営者が刑事責任を問われるのであれば、経営者のなり手はいなくなり、資本主義社会は成り立たなくなってしまいます。

しかし、拓銀の特別背任事件でこうした経済界の一般常識が尊重されることはありませんでした。捜査当局は、経営責任と刑事責任を意識してか、無意識かはわかりませんが、混在させたまま国策捜査を推し進めました。

拓銀は最初に破綻した大手行であり、破綻責任追及の〝モデルケース〟として注目されていたことも拍車をかけたのでしょう。

元東京地検検事の郷原信郎《ごうはらのぶお》弁護士は、元第一勧業銀行員の作家、江上剛《えがみごう》氏との共著『銀行問題の核心』のなかで、当時の日本社会の雰囲気をこう振り返っています。

「破綻した金融機関に国が資本注入をすることによって、納税者に負担をかけたんだから、経営者の責任を追及しないと世の中が治まらないというような風潮の中で、国策捜査的な『銀行経営者狩り』のようなことが行われました」

こうも指摘しています。

「（著者注：銀行経営者が）刑事罰の対象にされたのは、ほとんどが結果責任です。本来は、融資判断が、許容の限度を超えていたから、そのルール違反の程度が著しいから、そ

都市銀行・長信銀・信託銀行の再編

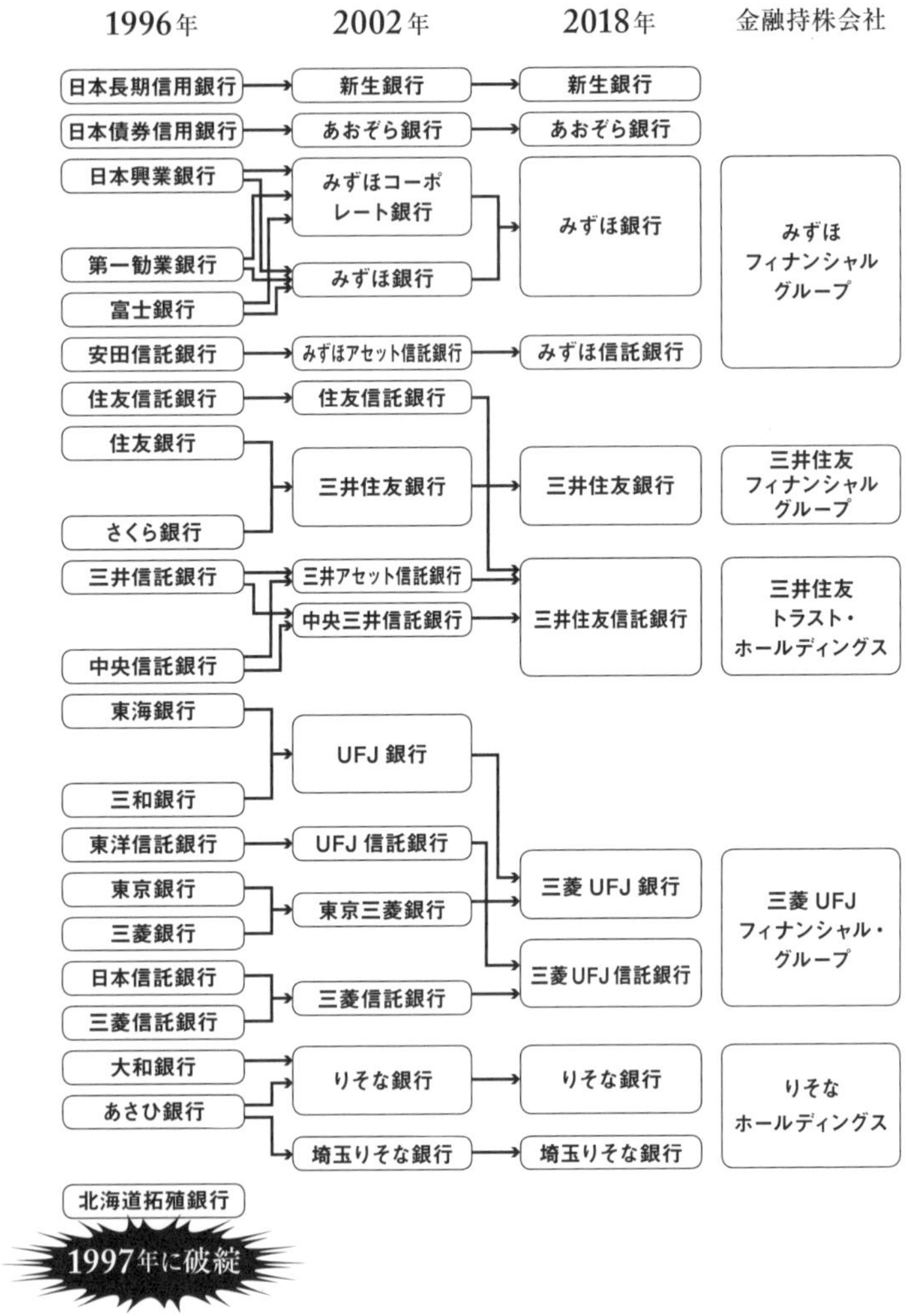

れに見合うペナルティを科すということじゃないといけないはずです。ところが、実際にはそうはなってはいない。捜査機関にも検察にも融資の実態が理解できていない。捜査や処分という刑事手続の中で融資判断の不当性を実質的に評価できない。だから、結果責任の追及になってしまうのです」

当時は、弁護士の中坊公平《なかぼうこうへい》氏が、不良債権の受け皿となった「住宅金融債権管理機構」や「整理回収機構」のトップに就き、〝正義の味方〟として、世間から拍手喝采を浴びていました。報道番組にもたびたび出演し、難しい法律や金融の問題をわかりやすく解説するなかで、「バブルに踊った銀行は悪」というイメージを日本社会に浸透させたことも「国策捜査的な銀行経営者狩り」の遠因になったと感じます。

1990年代末は、このように異常な状態でした。その証拠に2000年以降は、銀行経営者が背任罪で摘発されたというケースはあまり聞きません。

S&Lという前例は正しかったのか

当時の日本で、破綻した金融機関の刑事責任追及の前例として、しばしば採り上げられていたのが、米国の中小金融機関であるS&L（貯蓄貸付組合）のケースです。

S&Lは、おもに個人の預金を集めて、住宅ローンとして貸し付けを行う地方金融機関です。1980年代以降に破綻が相次ぎ、10兆円以上の税金が注ぎ込まれた一方、経営者や従業員ら2000人以上の刑事責任が追及されました。

この米国の事例を参考にして、日本でも金融機関への公的資金注入にあたっては、S&Lのように厳しい刑事責任の追及が大前提、という風潮が広まりました。


しかし、この点については金融関係者からも異論が出ていました。大蔵省で1994年から96年まで銀行局長を務めた西村吉正氏（現早稲田大学名誉教授）は著書『金融行政の敗因』のなかで、S&Lと日本の金融機関の経営者との違いについて言及しています。

S&Lの場合は大半が「私的な利益のために粉飾決算、詐欺行為、資産の流用などを行ったもの」だった一方、日本の場合は「類似の悪質なものもあるが、業務の上で判断を誤ったという性格のものも多く、すべてが刑事上の責任に結びつくわけではない」。そして、「経営上の責任ということであれば、自ずから自己の利益を図るための行為とは性格を異にする。刑事責任にまで議論を及ぼす場合には、慎重な判断が求められるべきであろう」と指摘しました。

また、大蔵省出身で、金融庁証券取引等監視委員会事務局長まで務めた大森泰人氏（現第一生命経済研究所顧問）は、著書『霞ヶ関から眺める証券市場の風景』で、S&Lについて「モラルハザードの教科書事例」だったとしています。

かつては堅実な商売をしていたものの、一旗揚げる狙いで新規参入してきた組合が1980年代を通じて損失補償された投機に走り、かえって傷を深めたというのです。

大森氏はそのうえで「残念なのは、こうした特殊な経緯が理解されないまま表面的な現象の観察から、公的資金を使う以上、旧経営陣は一身をもって落とし前をつけるのが当然、との感覚が、日本で形成されたことである」と指摘しています。

しかし、こうした考え方は、金融機関に対する厳しい処罰感情の前に、一顧だにされませんでした。

「検察は無理だとしても、必ず裁判所は、司法の良心を示してくれるだろう」

今となっては、甘い考えだったと反省していますが、検察に起訴された後も私はたとえ「国策捜査」があったとしても、「国策裁判」はないだろうと、かすかな期待を抱いていました。それは、民事訴訟においては、「経営判断の原則」が認められているからです。

経営判断は経営に関する専門的な知識や経験を有する取締役が、あらゆる事情を考慮して行う高度な判断であり、取締役には相応の裁量が認められる。だから、取締役が行った経営判断は可能な限り尊重されるべきで、その裁量の逸脱が認められない限り、その判断が違法であるとの評価を受けることはないとする大原則です。

経営判断には常にリスクがともないますし、かつ迅速に下されなければならない。それゆえに、その是非を経営の専門家ではない裁判所が「事後的に」判断するのは難しく、取締役の判断を一定の条件下で尊重すべきだという考え方といえます。

実際、破綻した銀行の経営者の刑事責任を問う裁判で、最高裁の無罪判決も出ていました。拓銀の翌年の1998年に破綻し、金融再生法の適用第1号となった日本長期信用銀行における証券取引法・商法違反事件です。

大野木克信元頭取ら旧経営陣3人が、破綻直前の決算で不良債権を過小に計上し、配当まで出したことが粉飾決算にあたるとして被告人となりましたが、最高裁は2008年7月、この3人に無罪を言い渡しました。

裁判で検察は「不良債権を隠蔽し、利益を大きく見せかけた粉飾決算だった」との主張を展開しましたが、判決は不良債権の査定を「違法とはいえない」と結論づけたのです。

私たちは最高裁の拓銀特別背任訴訟の判決に期待を寄せましたが、もろくも崩れ去りました。

2009年11月、最高裁は二審の札幌高裁の判断を維持するとともに、「銀行の取締役が融資業務に際して求められる注意義務は一般の株式会社の取締役に比べて高い水準のものである」と、結論づけました。

その理由としては、銀行業が免許事業であること、銀行の取締役が金融取引の専門家であること、および銀行経営が破綻し、または危機に瀕した場合には預金者、融資先等社会一般に広範かつ深刻な混乱を生じさせることなどを挙げました。

そして、「経営判断の原則」が銀行の取締役に適用される余地は、「それだけ限定的なものにとどまる」としたのです。

法曹一家で生まれ育った矜持

私が裁判所に期待を抱いていたもう一つの理由に、私の父である河谷勇《いさむ》が裁判官だったことがあります。祖父の富田政儀《まさよし》と2歳年上の兄、河谷泰昌《やすまさ》は弁護士という「法曹一家」で生まれ育った私は、法曹界で働く人間の矜持というものを肌で感じていました。

私自身、北海道大学法学部で法律を学び、裁判官には「司法権の独立」があると頑なに信じていました。

少々長くなりますが、憲法学の大家である芦部信喜《あしべのぶよし》・東大名誉教授の『憲法』から引用します。

「司法権独立の原則には、二つの意味がある。一つは、司法権が立法権・行政権から独立していることである。もう一つは、裁判官が裁判をするにあたって独立して職権を行使することで、裁判官の職権の独立とも呼ばれる。（中略）憲法76条3項は、『すべて裁判官は、その良心に従ひ独立してその職権を行ひ、この憲法及び法律にのみ拘束される』と定め、裁判権の職権の独立の原則を宣言している。ここにいう『良心』とは、裁判官個人の主観的な良心ではなく、客観的良心、すなわち、裁判官としての良心であると解されている。また、『独立してその職権を行ひ』とは、他の何ものの指示・命令をも受けずに、自らの判断に基づいて裁判を行うことである。立法権・行政権はもとより、司法部内の指示・命令もまた排除される」

三権分立は、近代憲法の基本原則です、その狙いは、三権が互いに牽制しあい、均衡状態を生じさせることにより権力の乱用を防ぎ、個人の権利や自由を守るところにあります。

司法権は、非政治権力であり、もともと政治性の強い立法権や行政権から侵害される危険性が大きい。だからこそ司法権は独立した立場から、行政府や立法府に対して公正な判断を行い、「もの申す」というのが本来あるべきスタンスです。

拓銀の特別背任訴訟では、一審の札幌地裁では司法権の独立がありました。しかし、上級審になるに従い、独立性は失われていったように思います。

二審の高裁では逆転有罪となり、三審の最高裁では上告を棄却しました。これは裁判官の「司法官僚化」にほかなりません。

近年、上級審にいくほど、裁判官が司法官僚化する傾向が強まっているのではないでしょうか。2011年3月11日の東日本大震災後、各地で起きた原子力発電所の再稼働を巡る訴訟や、国政選挙のたびに起こされている一票の格差を巡る議員定数の不均衡に関する訴訟をみても、それは明らかです。

下級審で行政府や立法府に対する厳しい判決が出ても、高裁、最高裁とあがっていくにつれ、もっぱら行政府や立法府寄りの判決に変わっています。

新藤宗幸氏は『司法官僚　裁判所の権力者たち』で、次のように批判します。

「戦後日本の司法は、戦前期の行政府（司法省）支配を否定し、最高裁判所を頂点として独立した機構となった。おおくの市民にとって、独立した司法は政治や行政の改革のための手段となりうる。それだけではない。人権を守っていく『砦』でもある。ところが、職業裁判官にくわえられている官僚制的な『統制』が、こうした市民の期待とは異なる事態を生み出してきたことは否めないであろう」

そして、一部のエリート職業裁判官を選別し、司法行政にあたらせる人事政策や、裁判内容についての指導・助言の存在を「統制」と批判しています。

国策捜査や国策裁判は、時代の変わり目において、必ずしも違法ではないが、今後は違法としないと不都合な世の中になった、という状況を先取りする形で行われるものだと思います。

時代が大きな節目を迎えるときに、これらが行われるのは仕方がない側面もあるでしょう。私と拓銀が「スケープゴート」になったからこそ、その後の金融機関に公的資金を注入できる流れができて、多くの銀行が救われました。そういう意味で「国策」は成功したといえます。

何かを犠牲にしないと、助けられるものも助けられなくなる。すべての物事が法律で解決できるものではない。それができないから、国策的にしなければ、救えるものも救えなくなる。それは法律という枠組みを超えた社会にとっての〝必要悪〟のようなものなのでしょう。

私は実刑が確定して収監が決まってから、次第にこんなふうに考えるようになりました。

「すべては国策だったのだから、個人としてはどうすることもできなかったのだ……」

そして、74歳の冬、刑務所に収監されることになったのです。

第2章

刑務所暮らし

獄中生活の始まり

私が刑務所に収監されたのは、暮れも押し迫っていた2009年12月7日でした。

その前月に最高裁で上告が棄却されて2年6カ月の実刑判決が確定した際、日浦弁護士からは「高齢や病気を理由に執行停止を求めることもできます」と説明を受けました。

同じく実刑判決を受けた山内氏は、高齢と持病を理由に執行停止を求めたということも知っていました。でも、私は「最後の頭取」として、刑に服する意思を固めていました。

12月7日、検察庁から分室に出頭するように連絡があり、自宅から1人で向かいました。

「いってらっしゃい」

妻の節子は、銀行に出勤するのと同じような明るい調子で送り出してくれました。私は少し心残りがあったので、いつもと変わらぬ妻の態度には助けられました。

札幌市内にある分室から検察の車に乗せられて、自宅から3㎞も離れていない東区東苗穂にある札幌刑務所に入りました。2500人以上を収容できるこの大規模な刑務所で、1カ月弱過ごしました。

札幌刑務所は、北海道開拓使庁舎の一部を獄舎に充てたのが始まりとされていますが、北海道の刑務所は、開拓の歴史と切っても切れない関係があります。刑務所が地域開発に貢献したのです。

1881(明治14)年の「樺戸集治監《かばとしゅうじかん》」を始め、道内各地に監獄が建設されました。これらは開拓の前線基地となり、朱色の囚人服と鎖につながれた囚人たちが、多くの道路をつくったのです。

また、幌内炭鉱の石炭や跡佐登《あとさぬぷり》硫黄山の硫黄なども囚人たちによって採掘され、多数の死傷者も出しました。

集治監の長である「典獄《てんごく》」には、郡長と郵便局長、警察事務を兼官する任務が与えられ、行政の拠点にもなりました。作家の吉村昭は、樺戸集治監を中心とする囚人たちの慟哭を『赤い人』という記録小説にまとめています。

集治監制度は1903(明治36)年に廃止されましたが、地域社会を形成するうえで刑務所が重要な役割を果たしたのが、近代の北海道の特徴といえます。

札幌刑務所から私が最初に妻へ手紙を書いたのは、2009年12月22日。入所から約2週間がたち、ようやく慣れた頃のことでした。

私が書いた手紙の一部を基に、刑務所での生活を振り返ってみます。

２００９年12月22日

一．元気ですか。姉上とけんかしながら、仲良くやっていることと思います。

一．こちらも元気です。大分慣れてきて体調も今のところ良好です。心配いりません。

一．先日の差し入れ受け取りました。なかなかいいひげ剃り機で使いやすいです。

一．部屋にはテレビもあり、毎日午後５時から見ています（但し９時まで）。全てのチャンネルを見られます（ＢＳもあります）。あまり面白い番組はないね。以上です。それではまたね。


獄中の私にとって、外界とのコミュニケーション手段は手紙しかありません。週１回水曜日のみの投函、月４回が上限という厳しいルールのもとで毎週、妻に近況報告の手紙を書くことにしました。ただし、手紙はすべて刑務所に検閲されて、検閲済みのハンコが押されます。

２０１０年１月６日

年末年始の６連休は、食っちゃ寝、食っちゃ寝の生活でした。おせちなど連日ご馳走続きで、そのうえ、お菓子や果物も入り、大変でした。とても全部は食べられませんでした。毎日テレビを見ています。10日からは大相撲初場所が始まるので、退屈しないで済みそうです。

私は1999年3月に逮捕されてから公判が始まるまでの約5カ月間、札幌市内で拘置所生活を経験しました。拘置所では、起訴された後は取り調べがなく、退屈な毎日でした。冊数に制限があるなかで、将棋の雑誌や単行本を差し入れてもらい、ひたすら頭の中で将棋を指し、事件のことはあまり考えないようにしていました。

そんな経験もあり、刑務所生活の不安はさほど感じていませんでした。刑務所では独房に入れられましたが、拘置所の独房とつくりはほぼ同じで、広さも変わりませんでした。

ちなみに札幌刑務所全体のつくりは「カニ型構造」です。中央に多くの人が集まって作業する場があり、そこから独房や雑居房などがある長方形の建物がいくつも伸びています。受刑者のトラブルが起きた時にかけつけやすかったり、作業時に集まりやすかったりする利点からこうつくられているそうです。

刑務所と拘置所で違う点は、刑務所では懲役としての作業が義務付けられていること、運動の時間は拘置所では外に出なくてもいいのですが刑務所では強制的に出されること、刑務所では月1回の散髪で丸刈りにされますが拘置所は関係なし、といったぐらいでした。

自宅と札幌刑務所は近かったのですが、妻には「別に話すこともないので、頻繁に面会にくる必要はない」と伝えていました。

1月20日

17日にめでたく後期高齢者になりました。こちらはいたって元気です。この前は大雪だったそうで、我が家の雪かき部隊はどうしていますか？　ちゃんとやってくれていますか？

札幌刑務所で75歳の誕生日を迎えました。刑務所の高齢化が新聞などでよく報じられています。刑務所の被収容者の高齢化率（65歳以上が全体に占める割合）は、男性では1・7％（1990年）から16・5％（2015年）と右肩上がりで上昇し、ほぼ10倍になっています。

女性も同時期に3・9％から33・1％とほぼ8・5倍へ増えました。このスピードは、日本全体のそれに比べると、はるかに速いです。私の周りの受刑者にも、高齢者は予想以上に多かったように思います。

刑務所によって受刑者のタイプは異なります。当時、刑務官に聞いたところによれば、道内の受刑者の類型は、函館刑務所は交通事犯、札幌刑務所はヤクザや暴力団などの粗暴犯や凶悪犯、釧路刑務所は初犯で比較的刑の軽い年配者が多いとのことでした。「凶悪犯が多い札幌刑務所にはあまり長くいないほうがいいよ」と刑務官からささやかれていたところ、27日に釧路刑務所に移されることになりました。

1月28日

27日に着いたばかりで、よくわかりません。釧路は遠いので、面会になんかわざわざ来る必要はありません。経費と時間の無駄です。こちらでは日用品（ちり紙、切手、封筒など）はすべて購入できるようになるので、不便はありません。部屋は独房です。

釧路刑務所の正式名称は「帯広刑務所釧路刑務支所」で、収容定員は約３００人。札幌と比べると、こぢんまりとしているというのが第一印象でした。26歳以上の犯罪傾向の進んでいない受刑者が収容されており、木工や印刷、金属、洋裁、袋折りなど、中小物の製品が生産されています。

釧路刑務所には、個室（独房）と大部屋（雑居房）があり、私は基本的に独房にいました。独房は三畳ほどの広さに、布団、本や私物も収納できる机、洗面所、トイレ、テレビなどがありました。

2月2日

今のところ独房で、チョロチョロと紙細工の作業をしているくらいです。釧路は札幌より施設は古いのですが、暖房が旧式でかえって暖かいのは意外でした。衣服、下着、パジャマ、靴下等一式全部新品が貸与され、とても気持ちがいいです。2日に1回は洗濯してもらえますし、風呂は2日に1回入れます。

1日のタイムスケジュールは、だいたい次のような感じでした。

午前7時に起床。朝食をとったあと午前8時頃から工場と呼ばれる作業所に行きます。作業する時間帯は、午前8時から午後5時頃まで。途中、休憩と運動、昼食の時間がありました。入浴も1回15～20分程度で、週2、3回は入ることができました。

作業には、生産作業、社会貢献作業、自営作業、職業訓練があります。更生の一環として行われる作業には、作業報奨金が支給され、在所中に日用品や書籍などの購入や、家族への送金などに使うことができました。

2月4日

独房を出て雑居房に入りました。現在、４人で共同生活をしています。30代後半が2人、50代が1人の3人が同室です。今は皆すっかり打ち解けて、毎日、わいわい、がやがや、和気あいあいで楽しくやっています。最初は共同生活は少し不安でしたが、慣れてみると、なかなかいいものです。みんなが身の回りの世話をしてくれるし、大変助かっています。それに将棋相手が1人いるので、毎日暇さえあれば、将棋を指して毎日が大変楽しいです。独房での夜は長かったけれど、雑居房の夜はあっという間に過ぎていきます。

私なりに少しずつ、獄中生活の楽しみ方を体得していきました。

釧路刑務所の受刑者の多くは30代や40代。75歳だった私は最年長でした。周りの受刑者は、私を「お父さん」と呼んで慕ってくれていました。作業中は私語が禁じられていますから、世間話をするのは、昼食休憩や運動の時間、一時的に雑居房に移った時などでした。

雑居房に移った時は、拓銀頭取の経歴などを根掘り葉掘り聞かれるのかなと、少し警戒していたのですが、あまり聞かれることはありませんでした。

「お父さん、なんで刑務所に入ったの?」と1度だけ尋ねられましたが、「商法違反だ」と答えたところ、「商法なんて高級な犯罪だねえ」と茶化されたぐらいです。

何よりも将棋の相手ができたのがうれしかったです。それまでは雑誌や本を読んで、頭の中で相手の手を想像しながら将棋を指すだけでした。やはり実際の相手と対戦するのは面白かった。

2月15日

同室の人と毎日将棋を指しています。この前2月11～14まで4連休だったので、たっぷりと将棋を指して過ごしました。(中略)これからは将棋関係の単行本は必要ありません。刑務所内でもいっぱい借りられるのです。あまりたくさん送られても保管が大変なので、よろしくお願いします。

「なんでこんなところに来たんだ」

「カネに困ってやむにやまれず、コンビニで窃盗しようとしたら、店員を殴ってしまい、強盗傷害罪になった」

同室のメンバーや同じ工場の受刑者たちとは、いろいろな話をしました。よくよく話を聞くと、「両親が離婚した」「家が貧しかった」など、生まれ育った家庭環境や貧困が、犯罪を犯してしまった背景にある人たちが多かった。

ただし、個人的な事情にはあまり立ち入らないようにすること。たとえふれたとしても、深くは掘り下げないというのが刑務所内の〝流儀〟でした。このため話題は野球や相撲といったスポーツ、囲碁や将棋といった趣味が中心になりました。

刑務所内では、新聞も購入すれば読むことができます。私は日々、朝日新聞とスポーツ新聞の2紙を買っては隅から隅まで熟読しました。よく刑務所内の新聞は都合の悪い部分が黒塗りになっていることがあると聞いていましたが、私の場合は黒塗りの記事は一つもありませんでした。

時々なぜこんなにしっかりした人が刑務所にいるんだろうと驚くような人もいました。出所してシャバに出たら、また会ってみたいと思う人もいました。とはいえ、その後、実際に再会した人はいません。

3月9日

こちら釧路も日に日に春が近づいている感じです。3月3日には桜もちが出ました。毎週土曜日の昼食にはカレーが出ますが、釧路のカレーはなかなか美味しいよ。私の体調も良好といっていいと思います。14日からは大相撲三月場所が始まります。釧路では、札幌とは異なり、毎日、全取組をビデオにとって、午後6時から7時まで見せてくれるそうです。大変いいやり方だと思います。

私は長年の相撲ファンでしたので、場所中は刑務所のテレビで相撲が見ることができたのは何よりでした。それだけに、横綱の朝青龍関が暴行事件をきっかけに2010年の初場所を最後に突然引退したことや、翌11年には、八百長問題が発覚して春場所が65年ぶりに開催中止となったことなど、不祥事が続いたことは残念でなりませんでした。

4月28日

いよいよゴールデンウィークが近づき、釧路も暖かくなってきました。5月下旬には、運動の時間にグラウンドでソフトボールができるようで、楽しみにしています。

刑務所には前もって手紙をもらう人、面会できる人を登録しておく必要があります。登録していない知人や友人からの手紙は、どういった間柄なのかといったことを詳しく問い詰められるなど、受け取る手続きが煩雑でした。

こうしたこともあって、友人や知人にはあまり手紙を送ってこないように伝えて欲しいと、妻にお願いしました。

仮釈放にあたっては、身元引受人が必要になります。この審査は厳しいため、身元引受人がなかなか決まらずに苦労している受刑者が多かったです。

一方、私の身元引受人は、すんなりと妻の節子に決まって一安心しました。「ぜひとも元気でいてもらわないと」と手紙に記し、お互いに励まし合いました。

4月30日

21日から雑居房を出て、独居房に移りました。3カ月ぶりの1人生活になりました。あっという間の3カ月間だったように思います。この間に将棋の弟子が3人も出来て、(独房に移ることが決まると)「師匠がいなくなる」とみな残念がってくれました。一方では、今は1人なので、テレビを見るのも、トイレを使うのも、何をするのも好きに出来るし、人に気を遣うこともなく、気楽といえば、気楽です。独房も雑居房もそれぞれいい面とそうでない面があり、どちらがいいかは一概には言えません。それでも、自分の子どもや孫くらいの人たちと共同生活をして、大変いい経験をしたと思っています。少し若返ったような気がします。

独房では、午後5時の夕食が終わると、布団を敷いてもいいことになっていました。私は午後5時を過ぎると布団に入り、本を読んだり、テレビを見たりしていたので、翌朝の午前7時まで14時間くらい横になっていたことになります。

休日になれば、さらに昼寝の時間が1~3時間あるので、15~17時間も布団に入っているという状況でした。午後9時までテレビを見て、11時ぐらいまでは本を読むという毎日でした。ただ、眠れなくて困ったということはありませんでした。

5月7日

考えてみると、刑務所生活は、①食事は規則正しく三食とる、②夕食は午後5時と早め、③間食はまったくない、④酒・たばこはない、⑤適度な運動がある、というように、ダイエットに適したものと考えられます。三食しっかり食べても減量できるので、何とか若い頃の55kgくらいを目指してがんばりたい。

今の日本社会は健康志向が高まっています。出所後も私は、冗談でこう言っています。

「身体を健康にしたいのならば、1年ぐらい刑務所に行ってこい。病気はすぐ治るし、苦労しなくてもダイエットができるぞ」

5月10日

今日から運動は外のグラウンドでやることになりました。20〜30年ぶりにキャッチボールをしました。まだまだ結構やれそうです。

この時は若手とソフトボールでキャッチボールをしました。私は学生時代に野球をやっていたのです。10分程度でしたが、きちんと相手のところまで届く球を投げられました。ただ、バッティングはてんでダメで、当たりが悪く、昔のようには打てないものだと実感しました。

冬場の運動は体育館の中でした。若くて元気な人たちはバスケットボールや卓球などをしますが、私のような年寄りは運動せずに、もっぱら将棋を指したり雑談をしたりしていました。

6月27日

釧路もようやく暖かくなり、最高気温も30度を超すようです。独房でも最近は毛布をかけることなく、布団一枚で寝て十分になりました。休憩時間に将棋を指したり、運動時間に色々と雑談したりして、同じ工場の仲間とはすっかり仲良くなり、毎日気分よく過ごしています。所内では毎月1回買い物が出来るので、ちり紙、電池、ズック靴、スリッパ、ハンカチ、セッケン、歯ブラシ、歯磨き粉、はし、綿棒などは自分で購入しました。

妻の節子からは最低でも週1通は手紙が届きました。届かない時は、不安にさいなまれました。

7月5日

先週、全く音沙汰がなく心配していました。1週間以上も音信がないのは、きっと何か悪いことが起きたのだと想像し、大いに心配しました。悪い病気か、または事故かいずれにしても困ったことにならないよう、土日は独房で「般若心経」を唱えました。

妻の節子が、姪と一緒に釧路刑務所まで面会に初めて来たのは7月22日でした。妻は1月に体をこわして長期入院していたこともあり、心配していました。

仕切り板ごしで、刑務官の立ち会いのもとではありましたが、互いに顔を見て話すことができたのは、手紙でのやり取りとは比べ物にならないほど、価値がある時間でした。

8月2日

2人ともまずまず元気で面会できたのはたいへん結構なことと思います。面会で私に会った感じはどうでしたか。元気そうに見えたと思います。7月26日に先日あった健康診断の結果が分かりました。血液検査、尿検査、心電図、すべて問題なしとのことです。釧路は大変涼しく、過ごしやすいです。

普段の生活態度が優良だと面会できる頻度が増えるため、私は次第に面会できる日が増えていきました。とはいえ、札幌と釧路を列車で往復すると、約10時間もかかります。交通費もかさみますから、収監中の刑務所で実際に会えたのは、7月、8月、10月、12月の計4回でした。

そんな折り、思いがけない出来事が起きました。

8月4日

「洗濯工場」へと配置換えになりました。係官の人の説明によると、洗濯工場や炊事工場などは一般の工場とは異なり、ある程度、真面目にしっかりした仕事をする人を各工場から選抜して入れるとのことです。今度の洗濯工場は第６工場に比べると、人数は半分以下で、こぢんまりとした家族的なところです。

私が最初に働いたのは「第６工場」で、単純な軽作業が中心でした。アイスクリームを食べる時に使う木製のスプーンの不良品を仕分けする作業などを行っていました。

ほかにも、所内には機械工場、縫製工場、洗濯工場、炊事工場などがあり、体力や年齢などに応じて受刑者が割り振られていました。私は比較的成績が優良な受刑者だったことから、洗濯工場に回されたようです。

名前とは違って、洗濯作業はほんの一部でした。むしろ衣服や備品を配付するなど刑務所全体の庶務的な仕事が中心でした。私は高齢だったこともあり、配置換えはないと勝手に思い込んでいましたので、正直驚きました。

手紙では、以下のように正直な気持ちを吐露しています。

前の工場は約６カ月、仕事も慣れて、みんなともすっかり仲よくなり、大変居心地がよかったので、ちょっと残念な気持ちです。

また一からのやり直しになりますが、生活に変化があり、刺激があるのでボケ防止にはよい機会と思い、前向きにやっていきたいと思っています。

9月17日

10日に釧路刑務所の運動会が行われました。さわやかな晴天に恵まれて、気持ちの良い一日を過ごすことができました。私も「ビン倒し」という競技に出場して、賞品で赤色ボールペンをゲットしました。ちょうど欲しかったので重宝しました。

運動会では、ハンバーガーやクリームパン、バナナ、コーヒー牛乳、サイダーなど普段はお目にかかれない飲食品が食べきれないほど出てきました。大変よかった一日でした。

この9月は連日の猛暑で海水の温度が高く、釧路沖でとれるサンマが大不漁でした。私はもともと暑さには強いので、エアコンのない刑務所でも取り立ててしんどさを感じることはありませんでした。

最高気温が25℃を超えると、釧路刑務所では暑さしのぎで、アイスクリームが受刑者たちに出されるルールがあり、とても美味しかった記憶があります。

10月1日

新しい工場に来てから2カ月弱です。大分仕事にも慣れ、みなと仲良くなりました。先日、人が入れ替わり、新しい人が３人も入ってきました。今までは一番の新米でしたが、今度は一転して新人に仕事を教える立場になってしまいました。張り切ってやっていますので心配しないでください。

ロシアの文豪、ドストエフスキーは１８４９年、28歳の時に反皇帝権力のサークルの会員となったことに連座して、死刑判決を受けます。しかし、執行直前に恩赦がくだされ、４年間、シベリアの収容所で暮らし、多くの囚人とともに苦しい労働に耐えました。

その間、読めるものは「聖書」しかありませんでした。隅から隅まで読んだため、その聖書は手垢で真っ黒だったといわれます。私も刑務所では、ひたすら本を読みました。

10月16日

休みの日は毎日、本を読んで過ごしています。本は工場にいっぱいあって、一度に４冊まで借りられるので、取っかえ引っかえ色々な本を借りて読んでいます。

刑務所には、受刑者が読んだ本を残していくので、たくさんの蔵書がありました。一度に４冊まで借りることができ、蔵書は３カ月に一度、大量に入れ替わるので、読む本には事欠きませんでした。

分野的には、歴史やミステリーなどの小説が多く、ノンフィクションなど堅い本は少なめでした。

私が好んで読んだのは、歴史小説や時代小説でした。司馬遼太郎の『街道をゆく』シリーズや、山岡荘八の『小説太平洋戦争』全9巻のほか、池波正太郎や藤沢周平、宮部みゆきなどの時代小説が記憶に残っています。趣味の将棋関係の単行本も、よく読みました。

特に年末年始やゴールデンウィーク、お盆などは工場での作業が中止となるため、やることがなく、本ばかり読んで過ごしました。休みの間は普段より多く、一度に6冊借りることもできました。

獄中で本に寄せる思いは、多くの人に共通します。

戦中、満州国国務院総務庁長をやり、ダイヤモンド社の会長を務めた故・星野直樹氏は、A級戦犯として巣鴨プリズンで10年の歳月を過ごしました。

彼は、手記にこう記しました。

「牢獄では、本はまことに嬉しい。読む前に抱きしめたくなる。特に監獄と外とで違うのは、本は厚いほどまた字は小さいほどありがたいということだ。字の小さい厚い本を手にすると、これで当分、安心立命の地を得た思いがする。それほど、本は気持ちを落ち着かせるものだ。数十冊のベストセラーを手にしたときの私の喜びは、ご想像にお任せする」

11月4日

札幌も10月26日に結構雪が降ったようでびっくりしました。釧路の初雪はまだです。それでも気温が下がってきて、暖房が入り、「冬近し」の感があります。面会（10月28日）での差し入れありがとう。特に冬物の靴下は上等で厚く暖かく、これから足元が冷える時期なのでたいへん助かります。

この頃から肌寒くなって、毛布をかけて寝るようになりました。刑務所では、寒暖の差が激しいこともあってか、夏場や冬場に風邪などが結構流行りました。

しかし、私は努めてうがいや手洗いを励行していたおかげで、一度も罹患することはありませんでした。

12月7日

早いもので収監されてからちょうど満1年が経過します。過ぎてみれば、あっという間の1年だったような気がします。刑期のほうも約半分が過ぎ、マラソンでいえば、中間点を折り返したところという時点です。この1年、何が良かったかというと、健康で過ごせたことです。風邪ひとつひかず、胃腸のほうも順調でした。（持病の）痛風も一度も出ず、血圧も安定しています。後半戦も何とかこの調子を維持して無事に暮らしていきたいものだと思っています。

クリスマスや正月は作業が休みになります。一方で、ケーキやお菓子などがいっぱい支給されます。私は体調を崩さないように、よく考えて計画的に食事をとるようにしました。しかし、結果的に年明けには、年末前に比べて体重が１・５kg増えてしまいました。

２０１１年１月17日

76歳とよくここまで生きられたものと自分ながら感心しています。最近、死んだ有名人はすべて私より年下です。私は元気で健康で誕生日を迎えることができました。まだ簡単には死にそうもありません。

２０１１年１月、独房で２度目の誕生日を迎えました。前回の誕生日は、札幌刑務所でした。釧路刑務所では誕生月の受刑者に月末、特別にコーヒーとドーナツがふるまわれ、私もそれをいただきました。

余談ですが、「振り込め詐欺」の手紙が、札幌の自宅に届いたこともありました。妻からの手紙でそのことを知り、獄中から私は次のような手紙で、注意喚起しました。

2月4日

今月中に20万円支払えとの書類が来たそうですが、今頃、役所からそのような納付書が送られてくることはありません。この種の手口を使って高齢者を狙う、いわゆる「振り込め詐欺」のように思われます。今時、2月1日といえば、年金の支給日ですからこれを狙ったものと思われます。十分注意してください。

仮釈放の手続き始まる

多くの受刑者の懲役期間は、おおむね3〜4年でした。私は2年6カ月でしたから、短いほうの部類に入ります。ただし、実際に入っていたのは1年7カ月です。未決勾留期間が約150日間あったことに加えて、仮釈放が約8カ月間分、認められたからです。

仮釈放の期間は、普段の生活態度や面接でのやりとりなどから総合的に判断して決められます。面接が行われて、その数カ月後に仮出所になるというケースが大半でした。

4月28日

仮釈放の手続きが始まりました。20日に北海道地方更生保護委員会の委員の面接が終了し、まだ確定ではありませんが、今後特段のことがなければ、7月中（早ければ7月上旬）には、仮出所できそうな見込みになりました。仮釈放の手続きが始まったことで、髪の毛を伸ばす許可も出て、いま、頭髪を伸ばしているところです。

更生保護委員との面接でいろいろと話をするなかで、私のほうから「今年の11月3日は、私たち夫婦の結婚から50年目の『金婚式』にあたるんです」と探りを入れてみました。するど、女性の面接官は出所時期をストレートに言うことはありませんでしたが、「河谷さん、金婚式は自宅で祝えますね」とつぶやいてくれました。

その時、「仮出所は思っているよりも早そうだ」ということが、薄々わかりました。最終的に7月中に仮出所できる見込みになりました。

仮釈放後の注意事項などを保護観察官から教わり、仮釈放の手続きは完了しました。仮釈放月数が約8カ月に決まり、受刑者仲間から言われたのは「どうやれば、そんなにたくさんの保釈日数がもらえるのか？」ということでした。

相場的にかなり長期の月数だったと聞きました。76歳と高齢だったこともあり、きっといろいろな配慮があったのだろうと思います。

5月13日

2日に泰昌兄さんが面会にやってきました。仮釈放が決まって、大変ご機嫌で、よかった、よかったと繰り返していました。仕切り板のない部屋で向かい合っての面会、とってもよかったです。

仮釈放が決まると、それまでとは違い、仕切り板のない部屋で面会ができるようになりました。天候不順が続いていた釧路でも、5月末にやっと桜が咲きました。

仮出所の2週間ほど前になると、受刑者は鍵のない広い部屋に移されて、共同生活を含む日常生活に慣れる「釈放前指導」という訓練を受けます。

部屋を移る時、雑居房の前を通ると、知り合いの受刑者たちが「お父さん、さよなら」と手を振って送り出してくれました。

この後は、もう作業はなく、出所を待つだけの日々となりました。

出所は忘れもしない2011年7月26日。妻の節子が釧路まで迎えに来てくれました。

「お帰りなさい」

まるで銀行から自宅に帰った時のような調子で迎えてくれました。

私が刑務所から送った手紙は計80通。あまり書くこともなく、くだらない内容の手紙もあったのですが、妻は大事にすべてを保管していました。

出所する直前、母の和子《かずこ》が亡くなりました。99歳の大往生でした。死に目には会うことはできませんでしたが、収監される前に何度も会うことができたので、悔いはありません。

むしろ大正、昭和、平成と、よくぞ1世紀を生き抜いたものだと思います。

母は拓銀が破綻した後、係争中だった私の話を聞き、「あんたは強いね」「落ち込んでないね」と繰り返して語っていました。その言葉通りというわけではありませんが、私は約1年半もの間、風邪ひとつひかず、腹もこわさず、ボケることもなく、無事に乗り切りました。

決断力を高めた刑務所生活

南アフリカ共和国の元大統領、故ネルソン・マンデラ氏は、反アパルトヘイト運動にたずさわり、政治犯として、累計27年間にわたって服役生活を送りました。

１９６４年、46歳のとき、反逆罪などで終身刑を言い渡されました。ケープタウンの港から12km沖合にあるロベン島、通称「監獄島」に収監された後は、石灰石の採掘場での強制労働にも従事しました。

彼は回顧録『自由への長い道』にこう綴っています。

「刑務所では、時間のたつのが遅く、一日一日が果てしなく感じられた。（中略）塀の外でなら数時間とか数日でかたづくことが、刑務所内では何か月も何年もかかるからだ。（中略）すべての囚人にとって、とくにすべての政治囚にとっての課題は、どうやって刑務所になじまずにいられるか、どうやって意欲の衰えない状態で出所するか、どうやって自分の信念を保ち、それをさらに強化していくかという点にある」

「刑務所は、人間の意気をくじき、決心を打ち砕くように作られている。その目的を果たすため、当局はこちらのあらゆる弱みにつけ込み、あらゆる行動の芽を摘み取り、あらゆる個性の表われを打ち消そうとする」

マンデラ氏は、刑務所を、忍耐と不屈の精神を鍛えるとともに、信念が試される場所と考えていました。

翻って、私はどうだったか。

ヤクザの世界では、よく刑務所に行くと箔がつくといわれます。実際、刑務所暮らしを経験してみたら、何も怖いものがなくなりました。

腹が据わるとでもいうのでしょうか。もともと自分では決断力があるほうだと思っていたのですが、出所後は磨きがかかったように思います。

たいへん皮肉なことですが、刑務所で過ごした1年7カ月は、拓銀の頭取をしていた3年6カ月よりも楽しいものとなりました。頭取時代は毎日、不良債権処理に頭を悩ませていて、心身へのプレッシャーも大きかったのです。

刑務所では、何より元気を取り戻しました。規則正しい生活で、食事も管理されている。適度な運動もさせてもらったおかげで、生活習慣病がすべて完治しました。ピークは70kgあった体重も見事に10kg落ちて、60kg前後になりました。

特に薬も飲みませんでしたが、若い時からの持病だった痛風もすっかり治って、高めだった血圧も正常値に戻りました。

刑務所は、医務室やレントゲン設備など、医療体制がとても充実しています。年3回程度、健康診断もあります。

酒とたばこの禁止を苦痛に感じる受刑者はいるかもしれません。私も酒とたばこの両方をたしなみますが、慣れてしまえば、どうということはありませんでした。

刑務所で遭った東日本大震災

刑務所生活で、最も記憶に残った出来事といえば、間違いなく2011年3月11日の東日本大震災です。

午後2時46分。ドーンという音とともに、大きな揺れを感じました。

「釧路沖で大地震が起きたか！」

その瞬間は、そう思いました。私がいたのは、釧路刑務所の独房。その日は月2回ある軽作業が休みの金曜日でした。独房で1人、何度も続く余震に怯えました。

「大丈夫だから安心しろ！」「刑務所が高台にあるから津波の心配はない！」

刑務官たちが大きな声をかけながら、各房を回ってくれて、ようやく安心しました。すぐにテレビをつけると、「震源地は東北地方」と報じていました。津波が家や車を次々に襲っていく映像が、テレビで流れていました。

釧路は震度4でしたが、実感からするとそれ以上でした。この日の釧路市内は一日中、津波を警戒するサイレンが鳴りっぱなし。刑務所は頑丈につくられているため、地震の被害はほとんどありませんでした。

手紙には次のように書きました。

3月25日

先日の大地震は札幌も相当揺れたようですね。お互いに何事もなくてよかった。釧路では津波で（釧路川にかかる）幣舞橋（ぬさまいばし）付近が大分水をかぶったようです。それにしても、東北地方の被害はすごいものがあり、（1995年1月の）神戸の震災の比ではないようです。

阪神淡路大震災が起きた1995年当時、私は頭取でした。1月16日、妻と2人で取引先の台湾の造船会社エバーグリーンに招待され、神戸市であった貨物船の進水式に出席。その日のうちに飛行機で札幌に帰りました。

もし神戸で1泊していたら、翌17日に発生し、6434人の犠牲者を出した大震災に遭遇していたことになります。場合によっては、死傷していた可能性もあったと思います。人生とは本当にわからないものです。

阪神淡路大震災が起きた1月17日は、奇遇なことに私の誕生日。そして、被害があった神戸市は、私の生まれ故郷でもあります。つくづく地震とは不思議な縁を感じます。

第3章

司法と私

法曹一家で育つ

阪神淡路大震災が起きるちょうど60年前の1935年1月17日。私は、神戸市灘区で産声を上げました。

父の勇《いさむ》は裁判官。1902（明治35）年に札幌で生まれ、旧制札幌一中、小樽高等商業学校を経て、東北大学法学部を卒業。司法試験に合格して裁判官となりました。

1913（大正2）年生まれの母の和子とは、1931（昭和6）年に結婚。男3人、女1人の4人の子どもが生まれました。兄の泰昌《やすまさ》が生まれた1933年は日本が国際連盟を脱退、私が生まれた1935年は国体明徴問題、弟の暢也《のぶや》が生まれた1937年には日中戦争が起きるなど、日本が戦争への道をひたすら突き進んでいた時代でした。

父が裁判官になってからは、おもに関西勤務で転勤が多い暮らしでした。私たち一家は、神戸市のほか、兵庫県芦屋市、和歌山県田辺市、大阪市住吉区など、公務員官舎を転々としました。

うっすら記憶が残っているのは、大阪に住んでいた小学生の頃からです。

大阪市立住吉国民学校に入学したのは、太平洋戦争が始まった1941年の4月。ちょうど国民学校の一期生にあたります。国語の教科書が「サイタ　サイタ　サクラガサイタ」から「ススメ　ススメ　ヘイタイススメ」に替わり、軍国主義的な教育が広がっていた時期でした。

その年の12月8日、真珠湾攻撃による開戦の大本営発表は、ラジオで聴きました。兄によると、父は開戦のラジオ放送を聴いて、家の中で、大声で「万歳、万歳」と何度も叫んでいたという軍国主義者だったそうです。

国民学校には、防空ずきんを持って登校していました。空襲に備えて防空壕に入る訓練なども、たびたびやらされました。ただ、実際に空襲の被害に遭ったことはありません。

自宅の近くには住吉大社や万代池公園がありました。兄と連れだって遊びに行き、トンボをとったり池のフナを釣るなど、のどかな暮らしをしていました。

住吉区は大和川を挟んで対岸が大阪府堺市です。私が話すことができる大阪弁は、今でも少し河内弁がまじっていると指摘されますが、この時の暮らしが影響しているのだと思います。

家には「ねえや」と呼ばれるお手伝いさんが、住み込みで働いていました。新潟の出身で、15歳か16歳でした。当時としては、普通の暮らしぶりだったと思います。

札幌への疎開、そして父の死

大阪で初めて米軍の空襲の場面に出くわしたのは、1942年4月18日のことです。米航空母艦から発進してきたB25爆撃機16機が、日本を縦断しながら爆撃しました。米軍が日本の本土を初めて爆撃したことで有名な「ドーリットル爆撃隊」です。

この日、私は家の物干し台に上がって、編隊を組んで上空を飛んでいく爆撃機を目撃しました。黒い不気味な機影が私の心に強烈な印象を残しました。

日本海軍への牽制と真珠湾攻撃に対する復讐の意味があったとされる空爆で、この日は東京、横浜、名古屋、神戸などを爆撃して計500人を超える死傷者が出たとされています。私たち一家の住んでいた大阪市住吉区付近に爆弾は投下されませんでした。

戦争は、最初のうちこそどこか遠くでやっている出来事でしたが、大阪でも空襲の危険性が日に日に高まっていきました。

1943年の暮れ、住吉国民学校が閉鎖される恐れが出てきて、児童は集団疎開するか、縁故先を頼って疎開するかのどちらかを選ぶことになりました。河谷家は、弁護士である祖父が暮らす札幌市に疎開することになったのです。

父は私たち一家が札幌に疎開する前年、インドネシアのジャワ島に司政官として派遣されていました。第二次大戦中、ジャワは日本の占領地で、立法、行政、司法の全権を掌握していたため、父はジャカルタで司法関係の仕事をしていました。

日本にいた頃の父とはあまり遊んだことはなく、家の2階でものばかり書いていたという記憶しかありません。裁判官だったので、恐らく判決文を書いていたのでしょう。私はあまり怒られた記憶はありませんが、母に聞いたところによると、意外と短気な性格だったそうです。

そんな父は、終戦の約4カ月前に戦死しました。享年42。当時、私は8歳でした。8歳下の妹の奈美子は、父が出征した後に生まれたので、父の顔を覚えていません。

亡くなったのは、1945年4月1日。あのタイタニック号をしのぐ民間人2000人余りの犠牲者を出した「阿波丸」に乗船していたのです。

敗戦濃厚となるなか、やっと日本へ帰れるという喜びのさなかに、台湾海峡で撃沈されました。父はさぞ無念だったと思います。

「阿波丸」と聞いて、ピンとくるのは年配の方だけかもしれません。阿波丸は日米の戦後処理の過程で、複雑な役回りを演じることになった船です。

日本郵船が所有していた1万1200トン級の貨客船で、航海速力は17ノット（時速31km）、最大速力は21ノット（時速39km）の高速船でした。

連合国の要請を受けて、東南アジアの植民地や占領地に捕らえられている16万5000人の連合国側の捕虜や市民に、赤十字の救援物資800トンを輸送する特別な任務を帯びており、往路・復路ともに臨検されたり、攻撃されたりすることのない「安全航行の保障」を連合国から得ていた〝特別な船〟でした。

往路では、朝日新聞サイゴン支局長を務めて、のちにNHKの会長にもなった前田義徳氏も乗船していました。

任務を果たした後、私の父を含めて東南アジアから引き揚げる2000人余りの日本人を乗せて帰国する途中、米国の潜水艦「クイーンフィッシュ号」の魚雷4発を受けて沈没しました。

撃沈時、2000人を超す乗客・乗員と、軍事品や戦略物資を含む9800トンの貨物を満載していました。救助されたのはたった1人という悲劇となったのです。

撃沈された現場は、台湾海峡の中国大陸寄りで、福建省の海壇島沖合にある牛山島の近く。当時は、予定の航路をずれており、霧も深かったために米軍が誤認したともされ、潜水艦のエリオット・ラフリン艦長は軍法会議にかけられました。

最終的には「怠慢による命令不服従」で有罪となりましたが、処分は「戒告相当」という極めて軽い罰でした。

なぜ安全航行の保障が破られたのか、なぜ1人しか救助されなかったのか、9800トンの積み荷には金銀や財宝があったのか、といったさまざまな臆測や疑問を呼んだ事件でした。

外交でゆがめられた「阿波丸」の損害賠償

この阿波丸撃沈事件は、戦後の賠償問題で大きく注目されることになりました。

日本政府は敗戦直前の1945年8月10日、米国に阿波丸の損害賠償を請求しました。要求額は総計2億2728万6600円。うち人的損害は1億8610万円、錫《すず》や生ゴムなどの積み荷の損害は3037万円で、このほか阿波丸と同規模の船1隻を請求しました。

『阿波丸はなぜ沈んだか　昭和二十年春、台湾海峡の悲劇』（松井覺進著）によれば、要求額を総合卸売物価指数で比較すると、今日の475億円でした。人的損失への賠償請求は最高が20万円（今日の4180万円）から最低5万円（1045万円）となっていて、「今日の『生命の値段』からみると、格段に低い」ものでした。

日本がその5日後に無条件降伏したこともあり、阿波丸の賠償問題は戦後に持ち越されました。そして、サンフランシスコ講和条約を前に、日米間の〝ノドに刺さったトゲ〟（前掲書）となりました。

結局、吉田茂内閣のもとで1949年4月、日本は国会議決を経て、米国に対する賠償請求権を放棄する「阿波丸協定」を結びました。翌50年に日本政府が遺族への補償を肩代わりする「阿波丸事件の見舞金に関する法律」を制定。死亡者1人に7万円、船の所有者である日本郵船に1784万3000円の見舞金を支払いました。当時の7万円は、消費者物価指数の比較では「今日の53万円ほど」（前掲書）でした。


阿波丸協定で、日本側は請求権を「戦後の米国の援助に感謝する」という形で、放棄しました。しかし、米国は協定内に「援助と相殺するものではない」とする了解事項も盛り込みました。

日本政府は1960年代、米国による食料や肥料、石油、医薬品といった援助の原資となった「ガリオア・エロア資金」を返済していくことになりました。この協定は、個人補償の請求権を放棄した日本唯一の事例として、のちに従軍慰安婦問題などがクローズアップされた際にも、法律面から注目されました。

海底に沈んだ阿波丸の船体は1979年から80年にかけて、中国政府によって引き揚げられました。そして3度にわたって368柱の遺骨、1683点の遺品が日本に返還されました。犠牲者の遺骨は、東京都港区の増上寺境内の「殉難者合同慰霊碑」と、奈良市紀寺町の璉城寺《れんじょうじ》境内の慰霊塔に分骨されています。

河谷家の墓は札幌市郊外の墓地にありますが、そこには父・勇の法名は刻まれているものの、本人の遺骨はありません。今思えば、父は自らの死の賠償を「国策」によって翻弄されたのです。

「法の番人」たる裁判官だった父がもし生き残っていたとしたら、自分が乗っていた阿波丸を巡る損害賠償が、国際司法の論理を超えた外交問題として歪んだ形で処理されたことをどう思ったのでしょうか。聞いてみたかった気がします。

祖父の代から始まっていた拓銀との不思議な縁

母の和子は18歳で嫁に来て、11歳年上だった父・勇との間に、私を含む4人の子どもを生みました。父の死後は「戦争未亡人」として、女手一つで私たちを育て上げました。

母は、北海道庁立札幌高等女学校の卒業生です。同女学校は、昭和23年の道立札幌女子高校を経て、現在は北海道札幌北高校になっています。私がのちに札幌北高校に入学するので、母は大先輩にあたります。私の妻の節子も、この道立札幌女子高校の卒業生です。

私たち一家が疎開した母方の祖父の家は、札幌市中央区北2条西1丁目にありました。最近まで、朝日新聞の北海道支社があったあたりです。

祖父の富田政儀《まさよし》は弁護士で、自宅は法律事務所も兼ねていました。祖父は、明治大学の前身である明治法律学校を卒業し、札幌で弁護士を開業した苦労人でした。

北海道電力、雪印乳業、第一銀行、三井銀行など多くの大企業の顧問弁護士を務め、「民事の大家」といわれました。昭和28、29年には札幌弁護士会の会長も務めました。会長を辞めた後は、札幌市公安委員会の委員長を務めました。


小学生で疎開してきた私にとって、明治生まれの謹厳実直な性格の祖父は、非常に厳格で近寄りがたい存在でした。何年も一緒に暮らしましたが、食事などは別々で、あまりかわいがられたという記憶はありません。

奇縁ですが、祖父は北海道拓殖銀行の顧問弁護士も務めていました。1966年に亡くなった後は、兄の泰昌が後を継ぎました。そして、兄は拓銀の破綻後、「清算人」として、99年から2006年1月に精算結了するまで清算業務に携わり、拓銀の法律上の〝幕引き役〟を担うこととなりました。

祖父が顧問弁護士、兄が顧問弁護士と清算人、そして私が「最後の頭取」。河谷家と拓銀の不思議な縁は、祖父の代から脈々と続いていたのです。

私は祖父宅から中央創成国民学校に通いました。この学校は明治4年に資生館として創立された、札幌市内で最も歴史のある小学校でした。

奈井江町へ再疎開

札幌に疎開して約1年ほどたった1944年の暮れ、私たち一家5人は、空知地方の奈《な》井《い》江町《えちょう》に一軒家を借りて、引っ越しました。

縁もゆかりもないこの土地に引っ越したのは、祖父の意向です。「このままでは、そのうち札幌も空襲される恐れがある」と予想して、娘の家族を〝再疎開〟させたのです。

当時の北海道は、マリアナ諸島を飛び立って本土を空襲していたB29の航空圏外でした。しかし、戦況が悪化するにつれて、空母に艦載された航空機による空襲が道内でも始まりました。

1945年7月14日から15日にかけては根室市、釧路市、函館市などが空襲の被害を受けました。この時は青函連絡船も攻撃されて、大勢が死亡しています。


空知地方の中心部にある奈井江町は、JR函館本線が町の中央を通っており、札幌市、旭川市まで、ともに約70㎞離れた所にあります。終戦直前の1944年に砂川町から奈井江村としていったん独立し、終戦後の50年に奈井江町になりました。

私たち一家が暮らしていた1947年頃の人口は1万1624人、世帯数は2032世帯でした。食糧事情が悪かった札幌市とは違って、農作物が豊富な土地でしたので、カボチャやジャガイモを煮込んだお米などを食べて暮らしていました。お陰でひもじさを感じたことはなく、のどかな生活でした。

1945年8月15日の終戦の日、私と兄は奈井江国民学校に通っていました。正午から大事な放送があるからと、児童が校庭に集められました。「忠良ナル爾臣民ニ告ク……」。ラジオから流れた玉音放送は雑音がひどく、何を言っているのかさっぱりわかりませんでしたが、先生たちが泣いているので、戦争に負けたのだということを知りました。

日中戦争から太平洋戦争にかけての日本の全戦没者は約310万人にのぼりました。仮に終戦の決断が半年早く、1945年2月頃に戦争が終わっていれば、3分の1にあたる約100万人の命は助かった、という見方もあります。その中には、終戦直前の4月に「阿波丸」に乗っていて、米軍の攻撃を受けて亡くなった父も含まれていたでしょう。

奈井江町で父の帰国を今か今かと待ちながら暮らしていた私たち一家が、父の死を知ったのは、死から1年たった1946年4月のことでした。

野球に明け暮れた中学時代

終戦を受けて1947年に学制改革が行われました。4月からしばらく学校がなかったため、毎日遊んでいましたが、5月になって新制奈井江中学校が誕生。私はその一期生となりました。

当時の子どもたちにとって、スポーツといえば野球でした。冬場は雪深い北海道でも、それは変わりません。手製の球やグローブを使って一年中、野原を駆け回って野球をしていました。母からは「禎昌は家に帰ってきたらカバンを放り投げて、野球ばかりやっている」とよく怒られました。奈井江中学校では野球部に入り、空知大会で勝ち抜き、準々決勝までコマを進めたことを、今でも憶えています。

1950年。終戦から5年がたち、札幌も落ち着いてきたことから、祖父の呼びかけもあり、私たち一家は再び札幌の祖父宅に戻ることになりました。

私は砂川北高校に入学したばかりでしたが、札幌北高校の編入試験を受けて合格。6月に札幌に戻りました。


札幌北高校には、1学年上の兄も編入試験を受けて合格しました。コツコツ勉強するのが好きな兄とは対照的に、私は中学生の頃は野球ばかりやっていました。北高でも野球部に入ろうかと思っていたのですが、兄から「そろそろ勉強せい」と叱られました。兄が父親代わりでしたから逆らえず、野球部に入るのは諦めました。

当時の札幌北高校は、北2条西11丁目にありました。私の自宅からは北2条通りを真西に1・2km、ひたすら真っすぐの道を歩いて通いました。

私は俊足で1年生の時は100mを12秒前半で走り、校内でトップになったこともあります。ただ、授業をさぼって高校の裏手にあった北大の付属植物園を散策したり、たばこの味を知ったり、麻雀を覚えたりと、決して優良な生徒ではありませんでした。

高校時代は、1950年に朝鮮戦争が勃発し、翌年にはサンフランシスコ講話条約が締結されるなど、世界が資本主義と社会主義の2陣営に分かれていくなかで、日本が資本主義陣営へと組み込まれていきました。

政治情勢が緊迫した時代でしたが、私個人はノンポリでした。必死で勉強したという記憶もあまりありません。学校の授業を真面目に集中して聞いていれば、どこがポイントかはつかめます。余計な勉強はしなくても、そこそこの成績はとれました。

当時の札幌北高校では学科別の試験の成績順位を校内に貼り出していました。あまり勉強していない私のほうが、兄よりもよい成績をとることもあり、驚かれたものです。

1953年、高校を卒業して北海道大学法学部に入学します。法学部を選んだのは、やはり父が裁判官で祖父が弁護士という法曹一家で育ったことが影響しています。

1年前に北大法学部に入った兄は当時、司法試験を受けて弁護士になるため、日夜、猛勉強をしていました。兄は在学中の1955年に司法試験に合格。司法修習を経て、札幌市で祖父と共同で法律事務所を開業することになりました。

兄の姿を見ているうちに、私は「あんなに必死で勉強するのは嫌だなあ」と思うようになりました。高校、大学、弁護士……。「すべて兄を後追いする人生になってはつまらない」という思いもどこかにありました。

北大法学部を首席で卒業

私は本が好きでしたので、北大の図書館にはよく通いました。記憶に残っているのは、大学1年から2年になる頃に起きたフランス領インドシナでの「第1次インドシナ戦争」です。図書館で新聞各紙を読み比べながら、ベトナム民主共和国の勝利を願っていました。最大の戦闘になった北西部の「ディエンビエンフーの戦い」は、双方あわせて1万人以上の死者が出たことを知り、改めて日本の平和をかみしめました。

3年と4年のゼミは、鴻常夫《おおとりつねお》助教授のもとで商法を学びました。鴻先生はのちに母校の東大法学部に移って教授になり、商法の大家として知られるようになった方です。

勉強ばかりしていたわけではありません。覚えたての麻雀の腕を上げようと、夜な夜な北大前にあった雀荘にも入り浸っていました。振り返れば、親からもらう小遣いで遊んでいる「坊ちゃん」でした。

1度だけサッポロビールの工場で瓶ケースなどを運ぶアルバイトもしてみました。重労働でヘトヘトになり、2日で音を上げて辞めました。この経験で、自分には肉体労働が向いていないことをつくづく思い知らされました。

成績はよかったので、北大法学部を首席で卒業することになりました。1957年3月の卒業式では、卒業生代表として答辞を読みました。答辞の文章を書くのに、頭を悩ませていたところ「私が書きましょうか」と母が助け船を出してくれ、代わりにすらすらと書いてくれました。

ずいぶんうまく書けていたので、式では私の名前でそのまま読ませてもらいました。母の才女ぶりを痛感した出来事でした。兄には「あんなに勉強していないのに、なぜ首席卒業なのか?」と驚かれましたが、私の要領がよかったのだと思います。

法曹の道に進まないのであれば、どこかに就職する必要があります。1954年から57年は、ちょうど「神武景気」の頃で日本経済は好況だったのですが、新卒の就職はまだ厳しい時代でした。

当時、北大生が就職する道内の大企業といえば、北海道電力と拓銀くらいしかありませんでした。私は大それた望みがあったわけではなく、ただ「地元の大企業」という理由から拓銀を選んだのです。

第4章

トップとビリ

我が家は「一党独裁体制」

私が拓銀に入行したのは、1957年4月でした。同期入行は42人だったと記憶しています。のちに袂を分かつことになる、海道弘司もその1人でした。

1900（明治33）年、未開地の開拓に必要な長期で低利の資金を供給する「特殊銀行」として始まった拓銀でしたが、戦後はGHQの方針で、特殊銀行が廃止されることになりました。

この方針を受けて、創立50周年の1950年4月1日、銀行法に基づく普通銀行として、拓銀は再スタートを切りました。

戦前は認められていた長期資金調達のための債券発行も1952年を最後に打ち切りとなりました。それまで加盟していた全国地方銀行協会を脱退し、都市銀行のグループに入ったのは1955年。私が入行した頃は、まさに高度経済成長のなか、道外の地歩を強化していこうとする矢先でした。

最初に配属されたのが、札幌市中心部の繁華街「狸小路」にあった札幌南支店です。この店舗は、かつて拓銀が吸収合併した、旧・北門《ほくもん》銀行の本店でした。行内はまだ「官業銀行」の雰囲気が色濃く、官庁的なところもありました。

私はこの支店に6年半勤務することになります。同期では最も長い支店勤務となり、「人事部から忘れられてしまったのか」と不安を覚えたこともありました。

当時は、紙幣の枚数を勘定する「札勘定」やソロバンが、新入行員の必修業務でした。その後、窓口係、内国為替、貸付、渉外と、銀行の支店のほぼ全業務を経験し、銀行マンとしての基礎をつくることができました。


札幌南支店の一番の思い出は、のちに妻となる後藤節子さんとの出会いです。5年先輩で、とても話しやすい社交的な性格で、強健でもありました。生まれは内蒙古《ないもうこ》。父親は軍属で敗戦後、北海道に引き揚げてきて、札幌市内で木工場を営んでいました。

生みの母を早くに亡くし、男2人女3人の5人きょうだいは義母に育てられました。義母は厳しい人で、いさかいや苦労も多かったといいます。

道立札幌女子高校を卒業して拓銀に入行すると、すぐに妹を連れて実家を出て暮らし、妹を養いました。そんな生い立ちもあってか、彼女は独立心が旺盛で、とても逆境に強い人でした。

そんなわけで、我が家はいつも妻による「一党独裁体制」でした。年下だった私は妻を

「女城主《おんなじょうしゅ》」と呼び、その指示に従う「家来」のようなものでした。

私たちは1961年に結婚しました。結婚を機に実家を出てうれしかったのは、初めて市電を使って通勤できるようになったことです。

私は国民学校、中学校、高校、大学といずれも徒歩で通学しており、拓銀入行後も実家から支店が近かったので徒歩通勤でした。生まれてこの方、交通機関を使った通学・通勤はしたことがなく、憧れていたのです。

新婚旅行は九州を周遊しました。妻の姉が長崎におり、長崎から熊本、鹿児島、宮崎と観光地を巡って回りました。すでに弁護士になっていた兄が、費用を出してくれました。

1958年から61年はいわゆる「岩戸景気」で、59年から3年連続で経済成長率が10％を超えた時代です。1万円札が発行され、政府は国民所得倍増計画を策定するなど、まさに右肩上がりの時期でした。

支店の出店計画づくりに奔走

そんななか、1963年、本店調査部企画課に異動になりました。当時の調査部長は、のちに11代目の頭取となる鈴木茂氏でした。

岩内町生まれで、一橋大を卒業後、兵役などを経て入行した鈴木氏は、部下にとっては、たいへん親しみやすい上司でした。約2年間在籍した企画課での仕事は、おもに出店計画をつくることでした。

1960年代は、大蔵省による厳しい出店規制があり、銀行が自由に出店することは許されていませんでした。拓銀の場合、年に3、4店舗しか出店できませんでした。

このため、どこに支店を出すかは、銀行の経営に直結する極めて重要なポイントでした。私は出店したら、利用者が何人見込めるかといったシミュレーションをしたり、どこが将来性のある地区かを探ったりするため、毎日のように札幌市内のあちこちを車で走り回っていました。

当時は、札幌市内で他行の出店攻勢に押されがちでした。これに対抗するため、市内で集中的に店舗網の拡充を図りました。

北海道の経済は「官依存型」でした。戦後の1950年に北海道開発庁がおかれて、その長官には国務大臣があてられました。公共事業を始めとする社会資本整備の点でも、国への依存度がほかの地方に比べて高かったのです。

このことは、1960年代からの高度成長で北海道が本州に比べて遅れをとる一因にもなりました。当時の日本は重化学工業など第2次産業を中心とする「民間主導型」だったのに対し、北海道は農林漁業など第1次産業の比率が高い「官依存型」だったからです。

60年代、拓銀の舵取り役を務めていたのは、大蔵省で銀行局長も務めた東条猛猪《たけい》氏です。大蔵省からの〝最後の天下り頭取〟でしたが、彼が目指したのは「都銀という看板での本州シフト」でした。

当時の北海道は石炭と食料など1次産品が豊富で、本州のマネーが石炭代や食料代という形で北海道に流入していました。彼は、このマネーを本州に還流させなければ、日本経済が回っていかないという考えを持っていたのです。

そのためには、拓銀が道内だけでなく、本州を含む都市銀行として発展していくことが必要だと考え、成長著しい本州にどんどん営業活動を拡大させていきました。

すでに都市銀行になってはいましたが、名ばかりの都銀だった拓銀を真の都銀にするため、脱北海道を明確にしたともいえます。

道内か本州かで激論を交わす

「官依存型」の北海道経済は、拓銀の取引先にも色濃く表れていました。戦前からの歴史的な経緯もあり、地方公共団体との取引率は、預金でも貸し出しでも、ほかの都銀や地銀に比べて高いものでした。

当時の行内では、新店舗を道内に出すか、本州に出すかを巡って熱い激論が交わされました。「知名度では道内」でも「成長性では本州」という構図でしたので、判断は難しく、いつも道内勢と本州勢のせめぎ合いが続いていたのです。

北海道対東京という構図は、拓銀が抱えていた構造的な問題で、のちに破綻を招く一因にもなっていきました。

当時、規制されていたのは、店舗だけではありません。貸出枠については、日本銀行が厳しく規制していました。貸出枠が認められると、その枠を道内と本州でどう配分するかを行内で話し合います。

四半期ごとに激論が交わされましたが、道内が52％、本州が48％という妥協点で落ち着くのが常でした。両者の配分比率の「ゴーニー、ヨンパー」は、拓銀内ではよく知られた隠語でした。

この頃に生まれて初めて飛行機に乗って、東京に出張しました。ちょうど１９６４年の東京オリンピックが開幕する直前で、街は活気に満ちあふれていました。競技場や宿泊施設のほか、東海道新幹線や首都高速道路、地下鉄網が整備されて、街全体が大きく変わっていった頃で「オリンピック景気」とも呼ばれました。

当時の札幌はまだ田舎の地方都市でしたから、大都会・東京との格差を痛感した覚えがあります。

拓銀で東京の占める比重が高まっていくなか、組織改革も行われました。1963年には東京事務所の業務課を分離独立させて、東京業務部を新設したほか、審査部と外国部の両分室もそれぞれ東京審査部、東京外国部に昇格させました。

また、1969年には甲種外国為替公認銀行になったのを機に外国部の主体を東京に移し、東京外国部をこれに統合しました。

労働組合への2度の出向

私が今でも得がたい体験ができたと思うのは、1960年代の労働組合への2度の出向です。最初が給与担当執行委員を、次が副委員長を、ともに専従で務めました。

本店内にある事務局で、ベースアップの幅や配分などを巡って議論しました。執行部のメンバーだけでなく、オルグなどであちこちの支店を巡り、行内のいろいろな人に会いました。

銀行なので、基本的には労使協調路線で、実際に争議（ストライキ）をするようなことはありませんでした。組合内は上下関係がなく、対等な同僚として付き合いましたから、知り合った仲間との友情は長続きしました。労組時代に培った行内人脈は、その後もいろいろな場面で役に立つことになりました。

大阪万国博覧会が開かれた１９７０年には、本店業務１課に異動になります。業務１課は銀行全体の預金集めとか、ＰＲ活動などを企画する部署です。ちなみに、業務２課は支店の管理、業務３課は自治体の公金管理という分類になっていました。

この年は拓銀創立70周年で、全行あげて「〝70〟運動」という預金獲得キャンペーンを展開しました。また、拓銀が国策銀行から普通銀行に転換してから20年目の年でもありました。

そこで、新しいシンボルマークが考案され、青に白い樹を描いた円形のマークがつくられました。大樹がすくすく伸びていく様子を表すこのマークは、１９９７年の破綻時まで用いられることになります。

当時の業務1課長は、のちに副頭取となる佐藤安彦氏でした。考え方や部下の使い方にも情があり、俠気あふれるいい上司でした。

1971年にはかつて拓銀と同じ「特殊銀行」だった日本勧業銀行が第一銀行と合併して、日本のトップバンクに躍り出ました。

苦しかった本州勤務

冬季オリンピック札幌大会が開かれた1972年、私は次長として、東京の板橋支店に赴任しました。

私にとっては2度目の本州勤務でした。それまでは、札幌の本店や支店での業務が多かったので、おおむね殿様商売ができました。拓銀は道内では文句なしのトップ行で、知名度も高かったからです。しかし、板橋支店はそれと正反対の環境で、荒波に放り込まれたような気持ちになりました。

板橋支店は、東武東上線の大山駅で降り、小売店や飲食店の立ち並ぶアーケード街を通り抜けた川越街道沿いにありました。

支店の営業地域では当時、三菱銀行が圧倒的な強さを誇っていました。私たちは、メーカーから飲食店まで地域内にある中小零細企業に足を運んで、他行の隙間をぬって新規の融資先を獲得するしかありません。

しかし、いくら足を運んでも、なかなか成果はあがりません。「なぜこんなところで拓銀は商売しなくてはいけないのだろう」と、思い悩むこともしばしばでした。

私は道内と本州のビジネスの違いについて、よくこうたとえます。

「北海道で10のチカラを出して仕事をすれば、8か9は戻ってくる。しかし、本州では、せいぜい3か4ぐらいしか戻ってこない」

板橋支店は、他店に比べて企業倒産が多く、企業の生死に真っ正面から向き合うことにもなりました。企業が修羅場を迎えたとき、銀行としては、「何とかして助けたいと思う企業」と「これはどうしようもないと思う企業」の2種類が存在するということが見えてきました。

その違いを見分けるのに役立つのは、経営者の人柄や質にほかなりません。銀行マンにとって大切なのは「人を見る眼」だということをこの経験から学びました。

のちに頭取となって板橋支店を訪ねた際、ある中堅電機メーカーの社長と再会しました。経営がピンチになった時、次長だった私が、夜中まで話し合って解決策を練り、何とか倒産を免れた会社でした。

社長は「あの時は本当に助けていただき、ありがとうございました」と涙を流して感謝してくれました。銀行マン冥利に尽きる、うれしいエピソードです。

「正論」貫き、栄転

次の異動先では、〝自ら課長になった課を潰す〟という珍しい経験をしました。新しい肩書は、札幌の業務本部の「個人課長」でした。

この部署は個人預金を集める狙いで新設されたのですが、私は「そもそも個人預金集めは銀行全体で総力をあげてやることであり、一つの課でやれることではない」として、着任直後から「こんな課はいらない」と廃止を訴えました。すると、すんなり主張が認められて個人課は1年足らずで幕を下ろしたのです。

仕事と向き合う時、唯々諾々ならば誰でもできるし、世の中にはそういう人が多い。それは楽な生き方だと思いますが、私はそれではつまらないと思う性分でした。

銀行では、余計なことを言う人間は大抵、上司から煙たがられます。あまり余計なことは考えずに、与えられた仕事とノルマを着実にこなすほうが、人事評価でプラスになることが多い。しかし、それだけで決まらないところが「人事の妙」です。

個人課を潰した私は、てっきり次の人事でどこかに飛ばされると予想していましたが、本店の企画部次長に栄転となりました。

私が行内で「正論」を貫くことができたのは、妻・節子のおかげです。彼女は常々「上にへつらってまで出世する必要はない」「うちは子どもがいないし、2人ならば何とか暮らしていける」と言ってくれました。


1970年代、日本は2度の石油ショックに見舞われました。73年の第1次ショックは、戦後初のマイナス成長を招き「狂乱物価」と騒がれました。79年の第2次ショックは、メジャーが対日原油供給を削減することで起きました。

銀行もさぞかし大変だったのではと思われるかもしれませんが、そんな印象はあまり残っていません。企業がバタバタ倒産したわけではなかったし、日々の暮らしにはそんなに影響はなかったというのが私の正直な実感です。

せいぜいトイレットペーパーが買い占めでなくなったくらいです。確かにガソリンの価格は上がりましたが、多くの会社員の給料の上昇幅はそれを上回ったのです。教科書の写真や授業で見るテレビニュースの映像などがもたらす負のインパクトが強すぎるのだと思います。

拓銀の当時の業績をみても、それがわかります。当時は、金利が規制されていたので、銀行は一定の利ざやが保証されていました。このため各行は、預金の獲得競争に邁進していました。

71年には預金が初めて1兆円を突破、72年には総合オンラインシステムが導入されました。79年には預金が３兆円を超えて、現金自動預け入れ支払い機（ＣＤ）の全店設置も完了。71年３月期には81億７８００万円だった拓銀の経常利益は、10年後の81年３月期には１６７億４７００万円と倍増しました。同じ時期に、当期利益も42億９５００万円から79億５８００万円へとほぼ倍増しています。


銀行員だけでなく、昭和のサラリーマンにとっては、ゴルフと麻雀は「必須科目」でした。接待だけでなく、仲間内の親睦を深めるのにも格好の遊びだったからです。

ご多分にもれず、私も両方に精を出しました。麻雀は大学時代からお手の物でしたし、暇を見つけては徹夜麻雀をやっていました。

ゴルフは30代後半から始めました。なまじっか野球をやっていたために「止まっている球を打つゴルフなんてスポーツじゃない」と馬鹿にしがちで、練習熱心ではなく、スコアはあまり伸びませんでした。

70年代は日本の銀行の国際化が進んだ時代でした。拓銀は70年にニューヨークに海外進出第1号となる駐在員事務所を設置しました。

当時は都銀を筆頭に海外支店を開設したり、国際的な投資銀行を設立したりする動きが相次ぎました。ちょうど、それまでの貿易金融から日系企業向けの対外貸し付けに移行していった時期でもありました。

天下り頭取の終焉

拓銀の歴代の頭取は、①曽根静夫、②美濃部俊吉、③水越理庸、④加藤敬三郎、⑤松本脩、⑥岡田信、⑦永田昌綽、⑧広瀬経一、⑨東条猛猪、⑩五味彰、⑪鈴木茂、⑫山内宏、そして、13代目が私です。

拓銀は北海道の開拓を後押しする「国策銀行」として発足した生い立ちもあり、大蔵省の天下り頭取が大勢を占め、生え抜きは7代目の永田だけでした。

1977年、ついにこの慣習が途絶えます。12年間にわたって頭取を務めた東条猛猪さんに代わり、生え抜きの五味彰氏が10代目の頭取に就任したのです。五味氏以降、私まで生え抜きの頭取が続くことになりました。

当時の行内は生え抜き頭取に歓迎ムード一色でしたが、その後の役員会は緊張感がなくなってしまいましたから、ずさんな融資につながるきっかけになったと思います。


私は、中央官僚の天下りには、よい面と悪い面の両面があると考えています。今はやや疑問符がつきますが、かつては日本の官僚は優秀な人が多かった。官民の癒着にならない限りにおいて、銀行界に限らず、さまざまな業界で民間企業が天下りを受け入れることは、官民の連携や経済の持続的な成長につながった側面もありました。

たとえば、合併などの場面では第三者的な視点を持つ天下り頭取のほうがうまくいくケースが多かったのです。拓銀でも長年にわたる大蔵省からの天下り頭取は、一定の役割を果たしてきたと思います。

もし80年代のバブル時代、頭取が生え抜きではなく、天下りだったとしたら、拓銀の破綻という悲惨な運命は変わっていた可能性もあると思います。

生え抜きの五味頭取の時代は、銀行界の流れにあわせて、現金自動預け入れ支払い機（CD）が全店に設置されるなど、業務の機械化が進んだ頃でした。

当時の銀行窓口の混雑ぶりは、本当にすさまじかった。道内の支店は月末になると、満員電車なみの混雑でした。行員も大変だし、お客様にも迷惑をかけていた。だから、ＣＤの導入とあわせて、銀行内部のシステム構築なども進めていきました。

１９７９年、私は初めて支店長になりました。配属先は横浜支店で、国鉄と市営地下鉄の関内駅のそばにありました。

東京の場合は、北海道関連企業が結構あって、それをつてにビジネスにつなげることができたのですが、横浜という土地には、いかんせんほとんどありません。30人程度の中規模支店でしたが、商売は苦労しました。

地元に営業基盤を持つ横浜銀行が圧倒的に強く、ライバルはほかの都銀ではなく、いつも横浜銀行でした。

支店長2年目の時、あまりにも成績がよくないので、横浜支店は「業績不良店」として認定されることになりました。部下にハッパをかけた成果もあり、いくつか新規の融資を獲得することはできましたが、それがすぐに支店の業績には反映されません。

業績不良店に認定されると、支店長を始め幹部のボーナスは減らされるのですが、最後は「もう仕方ない」と腹をくくりました。

その代わり、本部に対して「どうやれば横浜支店の成績を上げられるのか、具体的に提案してくれ」と何度も指導を求めました。しかし結局、本部からは誰も指導には来ませんでした。実際のところ、指導できる者がいなかったのでしょう。

板橋支店、横浜支店と、私が本州の二つの支店を経験して学んだのは、都銀下位行である拓銀の非力さでした。「北海道拓殖銀行でございます」と企業を訪ねても、いつも「どこの銀行？」という反応ばかりでした。

この頃から、地元にしっかりした基盤を持った銀行でなければ、生き残ることはできない、と考えるようになりました。

横浜支店が業績不良店に認定されて、どこかに飛ばされると思っていたら、次の人事では、札幌の本店営業部副本店長になりました。

〝裏組織〟の幹事役に

そして、その2年後、思わぬ「大役」の任務を負わされることになりました。

1983年、私は6月1日付で業務企画部付部長に異動が決まりました。この人事は、外部に公表できない〝覆面人事〟だったため、お客さんに説明できずに困ったことを覚えています。

秘密にしなくてはならなかったのは、都市銀行13行でつくるインナーサークル「都市銀行懇話会」（都銀懇）の幹事役を務めるためでした。

銀行業界の表の窓口は、今も昔も業界団体である「全国銀行協会」（全銀協）です。しかし、80年代はこれとは別に都銀懇という裏組織がありました。全銀協を影で動かす、裏の意思決定機関です。

そのとりまとめ役となる銀行（幹事行）は各行の持ち回り制で、1983年4月からの半年間は拓銀が担当する番でした。幹事行は大蔵省や日本銀行などの金融当局と銀行業界の重要な橋渡し役です。

幹事行になる銀行は1年以上前から、人事を含めて入念な準備をして臨むのが常でした。当然、拓銀も準備を重ねていたのですが、どういうことか、その責任者たる幹事役が行内で異動になり、急きょ後釜として私が抜擢されたのでした。

こうした役回りは通常、いわゆる大蔵省担当（MOF担＝大蔵省の英語名、Ministry of Financeの略称から呼ばれていた）や日銀担当（BOJ担＝日本銀行の英語名、Bank of Japanの略称から呼ばれていた）といった業務の経験者がやるものです。

ところが私は、これら業務を経験したことはありません。この時、初めて「インターバンク」と呼ばれる、この世界に接することになりました。

都銀全行の意見のとりまとめに奔走しましたが、ここでも、つくづく拓銀の力のなさを感じました。周りは住友銀行や三井銀行など大手ばかりで、ひたすら頭を下げる毎日です。東京と札幌の行き来で、心身ともに疲弊していきました。

そんななか、あるトラブルが発生します。都銀懇のメンバーである三菱銀行が、「総合口座」という新商品を7月20日頃になって、何の前触れもなく発表したのです。

当時、都銀が新商品を出す場合は、あらかじめ都銀懇の場で了解をもらうほか、基幹の新商品については全銀協の了解を得るという暗黙のルールがありました。要は、抜け駆けを許さない紳士協定なのですが、三菱銀行はそれを破ったわけです。

この顛末を巡って、「幹事行の仕切りがなっていないせいだ」として、拓銀に批判の矛先が向かってきたのです。

こちらも幹事役を途中で替えたという負い目があったので、反論できません。9月頃まで業界の混乱の収拾に追われました。結局、形式上、三菱銀行が都銀懇と全銀協におわびするという体裁をとって収束しましたが、この年の夏休みはありませんでした。

せめてもの救いは、幹事役を終えてから、三菱銀行の幹部から丁寧なねぎらいをしてもらったことでした。きちんと仕事をしていれば、ライバル行でも見る人は見てくれているということを知りました。

道内ではトップでも、道外ではビリ。北海道では唯一の都市銀行として高い知名度がある一方で、都銀界では下位行で、本州では知名度が低い。

道内の「たくぎん」と本州の「ほくたく」という二つの愛称から垣間見える、アンバランスな営業基盤は効率性が低く、高コスト体質にもつながりやすい。

都銀懇での経験は、本州の板橋支店、横浜支店での経験を通じて私が感じていた信念を、いっそう強めることになりました。

「拓銀は、都銀の下位行で無理して背伸びするより、北海道の地方銀行の雄となったほうがよい」

そして1980年代、日本経済は黄金時代を迎え、後半はバブルが形成されていきます。

第5章

バブルの実相

バブル経済の始まり

バブルの発端が、1985年9月の「プラザ合意」にあったというのは、今日では通説となっています。

プラザ合意とは、当時のG5（先進5カ国蔵相・中央銀行総裁会議）で、マクロ経済政策の協調とドル高是正のための協調介入を決めた共同声明のことです。会議が開かれた米ニューヨークのプラザホテルの名をとってこう呼ばれています。

日本銀行はほかの通貨当局と歩調を合わせて、自国通貨買いドル売りの為替介入を続けました。その結果、1ドル＝240円だった円ドルレートは、1ドル＝150円まで急速に円高が進むことになりました。

日銀は「円高不況」に対応するため、86年1月から87年2月にかけて5回にわたる公定歩合の引き下げを実施。4・5％から2・5％へと下げた後も89年5月まで金融政策を転換せず、金融市場に未曽有の「カネ余り現象」を生み出しました。

当時の銀行は、東京や大阪など都市圏を中心に猛烈な貸し出し競争を繰り広げており、実態をともなわないバブル経済を膨ませていきます。

あふれ出した投機マネーは、株式、土地、ゴルフ会員権などに流れ込みました。バブル期には、多くの企業が財務テクノロジーを駆使して利益を出す「財テク」に走り、本業を上回る利益を上げました。

そして銀行は、企業に不動産開発などを提案して融資を行う手法を拡大していきました。「土地転がし」や「地面師」といった、いかがわしい言葉が社会にはびこるようになったのも、この頃でした。

80年代の日本銀行は、市場に出回る資金量を調節するため、各行の「貸出枠」というものを四半期ごとに決めていました。公定歩合とともに、日銀の金融調節の両輪でした。

各行は与えられた貸出枠を、1円も違わず実現することが常とされていました。通常は貸出枠は抑制気味に設定されるため、各行は「貸したくても貸せない」というジレンマに陥りがちでした。

しかし、85年から87年のバブル期に限っては、様相が異なりました。日銀が設定した貸出枠は、前期比3割増など、各行の予想を上回る大盤振る舞いだったからです。横並び意識の強かった各行にとっては、日銀から融資を増やす「ノルマ」を課せられたようなものです。

このノルマの達成作業に追われ、不自然な実績づくりにもつながりました。つまり、バブル前まではブレーキ役だった貸出枠が、85年から87年は逆に、アクセル役に転じてしまったのです。

インキュベーター路線の始まり

このことは、北海道と本州という事情が大きく異なる二つの営業基盤を持つ拓銀の内部分裂を加速させました。

バブルがいち早く始まった東京では、有望な貸出先である不動産関連企業がたくさんありました。一方、道内のバブルは、日本経済の中心地から離れていたこともあり、首都圏や関西圏よりも遅れて始まりました。

そのため、なかなか有望な貸出先を見つけることができませんでした。ここから、行内における東京勢と札幌勢の主導権争いが本格化していったのです。

札幌勢が融資の実績をつくるために手を伸ばしたのが、のちに破綻の要因となる、カブトデコムやソフィアグループといった不動産関連の新興企業でした。これがいわゆる「インキュベーター（新興企業育成）路線」です。道内のリゾートホテルやマンションに多額の融資をつぎ込むことになりました。

当時の拓銀は、鈴木茂頭取のもとで84年に「本部制」の導入という組織改革も行われました。業務本部と東京業務本部が新設されたのです。

それまでの本部は預金や融資、証券、国際など銀行の機能別に分かれていましたが、市場別・地域別になりました。つまり、リスク管理よりも次第に利益の獲得重視が鮮明になっていったのです。

インキュベーター路線の陣頭指揮をとったのは、80年代後半に札幌業務本部長だった佐藤安彦専務。そして、1990年にその後を継いだ海道弘司常務でした。

彼らは部下に厳しく、ワンマン体質でした。当時、鈴木頭取、佐藤安彦副頭取、海道常務の3人は頭文字をとって「SSKトリオ」と呼ばれ、行内で大きな影響力を持っていました。

3人の絆は強く、反抗すれば、左遷されるというまことしやかな噂もありました。80年代後半の北海道経済は公共工事に加えて、民間設備投資や個人消費が堅調で、あちこちで地上げやマンション、オフィスビルの建設、郊外ではゴルフ場やリゾートホテルの建設ラッシュでした。占冠村のトマムリゾートができたのもこの頃でした。

その頃、私は86年に初めて取締役に就任しました。東京駐在の渉外担当でした。肩書は新設された東京業務本部の副本部長です。あまり仕事がなかったので、自ら東京営業企画部を立ち上げて、預金集めのためのさまざまな策を練っていました。支店から依頼があれば、応援に行くという「遊軍的」なポジションでした。

バブル当時、首都圏で拓銀の預金がどんどん増えたかというと、決してそんなことはありませんでした。がんばるのですが、やはり本州での知名度の低さは否めませんでした。私は、部下に「あまり無理してまで、預金を集めることはないぞ」と言っていました。

午後5時以降の残業は原則禁止。その分、昼間に集中して仕事をする時間を持つようにとも言っていました。時間の管理は、仕事の管理に直結するからです。

ほかの部門はノルマが多かったでしょうが、私は常々「ノルマは人を苦しめるだけ」と感じていました。仕事は自発的な意思が大切であり、上から押しつけるだけではうまくいかないというのが私の信念でした。

バブルの膨張期は88年初めから、史上最高の株価を更新した89年末までの2年間でした。私は東京に89年までの3年間、取締役として駐在しましたので、まさにバブルの最盛期を間近に見たことになります。

しかし、私は融資の担当ではなかったので、銀座で豪華な接待を受けたとか、接待のおこぼれに与かったというような美味しい経験はありません。せいぜい東京本部のあった日本橋の居酒屋でくだを巻いていた程度です。ウソだと思われるかもしれませんが、蚊帳の外に置かれていたのです。

当時、拓銀でも融資が伸びていたことは知っていましたが、私は企画畑が長いため、融資には土地勘もありません。無理して自分が担当したいとは思いませんでした。

バブル崩壊後に東京地検特捜部が摘発した、大蔵省や日銀に対する大手行の接待汚職の印象が強いため、バブル時の銀行マンはみんな美味い汁を吸ったのではないかと思っている人はいまも多いようです。

しかし、真相は違います。美味しい思いをした人は一部にはいたでしょうが、大半の銀行マンはそんなに美味しい経験はしていません。バブルの最前線だった東京で働いていた私がそう言うのですから、間違いありません。

当時の私は、世田谷区にあった社宅住まいで、電車で通勤していました。ヒラの取締役ですから車の送迎などもありません。個人的に、不動産も、ゴルフ会員権も買いませんでした。バブルの真っただ中にいながら、利殖行為に手を染めなかったのは、妻の節子から

「そんなにカネを貯めてどうするの?」と、諭されていたからです。

子どももいませんでしたし、「稼いだカネは好きなように使えばいい」というのが我が家のお金に関するポリシーでした。

私がバブルを肌で感じていたのは、東京よりもむしろ北海道でした。毎月、取締役会に出席するため札幌に行くのですが、カブトデコムと書かれた大きな看板を掲げたビルが増えたり、繁華街・すすきのに聞いたことのないディベロッパーのビルが建ったりして、訪れるたびに変化を感じました。

私はバブル前の東京の状態を知らなかったので、バブルによる東京の街の変化ぶりを感じとることができなかっただけなのかもしれません。

山内頭取が誕生

平成に入った1989年の4月、鈴木茂氏に代わって山内宏氏が第12代の頭取になりました。樺太生まれで、1952年に北大を卒業した先輩です。大柄で温厚な人柄で知られていました。

同じ時期に私も常務に昇格しました。東京に残留すると思っていたのですが、ふたを開けてみると、札幌の常務でした。実はこの年の2月、鈴木頭取、山内副頭取、秋田甫《はじめ》常務、私の4人でゴルフをした際、内々に担当ポストを提示されていました。

鈴木頭取の説明では「河谷くんは東京を頼む。秋田君は札幌を頼む」というものでした。しかし、実際の発令では、私が札幌担当に就き、秋田常務が東京担当に入れ替わっていました。

今思えば、当時、拓銀の東京本部が抱えていた融資案件のなかには不良債権化していた債権が多かったのだと思います。その推進役は秋田常務だったこともあり、その処理にあたっては東京担当を外せなかったのではないかと思います。

当時、行内でも、東京の不動産関連の危ない貸出先は「秋田銘柄」という隠語で噂になっていました。

私が札幌本店業務本部長に就いたのと同じ頃、カブトデコムやソフィアグループといった、のちに問題となる融資案件を担当していた同期の海道弘司も常務取締役となりました。「SSKトリオ」として行内で力を持っており、気軽に口出しできる雰囲気ではありませんでした。

89年は、日銀がインフレへの予防的措置として、1年に3回も公定歩合を引き上げるなど金融引き締めに転じた年でした。しかし、年末の日経平均株価は史上最高値の３万８９１５円をつけるなど、バブルの余韻が残っていた頃でもありました。

翌90年は、大蔵省が不動産向け融資の総量規制を導入した年です。不動産向け融資の伸び率を総貸出の伸び率以下に抑えることを各行に求めるなど、いよいよ金融当局が過熱するバブル景気の沈静化に乗り出した年でした。

この年は拓銀にとっては、創立90周年となる節目の年でした。山内頭取は経営コンサルティング会社のマッキンゼー・アンド・カンパニーを入れて「たくぎん21世紀ビジョン」をつくりました。来るべき21世紀を前に拓銀の生きる道はどこにあるのかを示そうという狙いでした。

当時の銀行界は外資系コンサルタント会社という外部のアドバイザーを使って、こうした成長戦略をつくるのがはやりでした。マッキンゼーは住友銀行に「総本部制」という大胆な機構改革を進言したほか、三井銀行や東海銀行にもアドバイスをしていました。

たくぎん21世紀ビジョンでは、「道内でのリーディング戦略（不動産開発事業の支援とインキュベーター路線）」「本州でのニューリテール戦略（首都圏の中小企業オーナーや資産家向けのプライベートバンキング）」「国際分野でのアジア重視」などの柱が示されました。

このビジョンの失敗点としてよく指摘されるのが、営業推進と審査機能を一元的に担う戦略部門「総合開発部」の新設です。この部署にカブトデコムやソフィアグループ、エスコリースといった問題融資がすべて集められた結果、暴走が止まらなくなった、とされています。

実は私を含む多くの幹部は、本音では総合開発部には反対でした。しかし、当時はマッキンゼーが「錦の御旗」とされ、行内に反対できる余地はなかったのです。

当時、営業推進と審査機能の一体化を推進していたのは、拓銀だけではありませんでした。マッキンゼーの進言で住友銀行が最初に導入しました。「スピード経営」などともてはやされて、富士銀行などほかの都市銀行も相次いで採り入れていたのです。

新規融資はリスクをとるのが判断なのだから、営業と審査は一体化すべきだという、イケイケドンドンだったバブル期を象徴する考え方だったといえます。ただ、拓銀が導入した頃には、すでに他行はバブルの反省から融資・営業と審査を分離する動きも出ており、遅すぎるタイミングでした。

総合開発部の新設以上に私が失敗だったと思うのは、本店の総合企画部を札幌から東京に移した点です。東京勢の幹部がこの案を盛り込み、当時の山内頭取も「成長戦略は本州であり、脱北海道だ」としてこの案に乗りました。

これまで本州で苦い経験をしてきた私を含む北海道勢の幹部は、「これからは北海道を重視すべきだ」という考えで反対でした。しかし、90年7月の組織改編で、企画部を札幌から東京に移すことになります。

正確に言うと、もともと東京にも札幌にも企画部はあったのですが、札幌が主で東京が従だった位置付けを逆転させました。

ここに頭取にとっての「頭脳」である企画部が手元の札幌にないという、拓銀のいびつな構造が生まれることになりました。マッキンゼーの構想は拓銀の改革にはつながらず、かえって拓銀の「バブル体質」を助長させただけでした。

表面化し始めた「バブルの膿」

拓銀の1990年3月期決算は過去最高の448億円の経常利益を計上するなど、業績は好調に見えました。まだ株の含み益もたっぷりあり、経営にも余裕があったのです。しかし、91年に入ってバブル崩壊が始まると、隠れていた拓銀の膿《うみ》が次々に表面化していきました。

口火を切ったのが、事実上の系列ノンバンク「エスコリース」の経営危機でした。札幌市内で人間ドックを受診していた私に銀行から連絡が入りました。

「エスコリースがダメになった」

エスコリースは、大阪に本社があるベンチャーキャピタルの「イージー・キャピタル・アンド・コンサルタンツ」（ＥＣＣ）に多額の融資を行っていました。拓銀がもともと弱かった関西方面の「別動隊」で、その融資額はピーク時で約２０００億円にのぼっていました。

大阪の焼き鳥屋チェーン「五えんや」の経営者だった垣端信栄（別名・中岡信栄）が83年に設立したＥＣＣは、エスコリースから低利で仕入れた金をもとに中小企業向け融資を展開していました。

垣端氏が中小企業の経営指導にあたり、コンサルタント料をとるビジネスでした。垣端氏は拓銀の海道弘司常務が、大阪・難波支店長時代からの知り合いでした。

垣端氏は政財界に独自の人脈があり、「大阪のタニマチ」とも呼ばれていました。85年には飲食店街「月の法善寺横町」を札幌・すすきのにオープン。たびたび来札して、羽振りのいいところを見せていました。

そんなECCでしたが、バブル崩壊後の地価下落で担保割れが続出して、経営が行き詰まっていきました。

そもそもエスコリースは、海道常務が牛耳る総合開発部の担当でしたが、私に処理役のおはちが回ってきたのです。当初、私は法的処理を主張しましたが、山内頭取と佐藤副頭取は軟着陸を主張しました。

真相は今でも「藪の中」ですが、ECCについては荒っぽい処理はできない事情が、上層部にはあったのでしょう。他行分の弁済金も肩代わりするなどの手段も使って支えたのですが、結局、93年12月にECCは大阪地裁に和議を申請し、事実上倒産しました。

今から考えれば、もっと早い段階で法的整理に踏み切るべきでした。軟着陸を目指したことで、かえって問題を複雑にしてしまいました。

カブトデコムの「闇」

次に、問題が表面化したのが、「カブトデコム」です。

ある時、総合開発部担当の広瀬恭平常務が突然、私のところに来て、こう言うのです。

「何とか助けてほしい」

カブトデコムの前身は、1971年に札幌で創業した「兜建設」です。道内の建設会社は公共事業重視の会社が多いなかで、カブトデコムは民間物件重視で注目されていました。佐藤茂社長は、地元の老舗ゼネコンの地崎工業の出身で「業界の異端児」として有名でした。

拓銀はインキュベーター路線に乗って87年からメーンバンクとなり、東証一部上場を目指していたカブトデコムの急成長を資金面で支えました。89年3月には株式を店頭公開。上場後1年で株価が2000円から4万円を超える水準まで急騰したこともあります。

全国的にも名が知られるようになったのが、洞爺湖畔の小高い丘の上に北海道最大級のリゾート施設「エイペックス（英語で、頂点の意味）」の構想を打ち出したことでした。バブルの象徴とされ、のちに「北海道洞爺湖サミット」（第34回主要国首脳会議）の舞台にもなったことで知られる高級リゾートです。当時は、総事業費1000億円を投じて、ホテルやゴルフ場、スキー場をつくる壮大な計画でした。

拓銀は、海道常務が担当し、人材も派遣して密接に関わりました。私は、当初からカブトデコムには、懐疑的な見方でした。

道内の建設業売上高でトップだった大成建設を抜いたとして自慢していましたが、「関係会社間の土地転がしで売上高を水増ししているだけではないか」とみていました。広瀬常務の頼みも踏まえて、海道にも直接「これは土地を転がしているだけで危ないぞ」と忠告したのですが、明確な回答はありませんでした。

常務会でもカブトデコムは議論の俎上にのりましたが、山内頭取と佐藤副頭取が引き取る形でうやむやとなり、融資は継続になりました。取締役陣も薄々このままではダメだと感じていたものの、結局は止めることができませんでした。

急成長の裏にあったのは、関連会社を使った「架空取引」でした。関連会社に土地を取得させ、そこからカブトデコムが建物の建設を受注する。完成後は一括して買い上げたうえで、再び関連会社に売却したり、貸したりする。これによって、カブトデコムは建築の受注代金と土地建物の売却代金で二重の売り上げを立てていたのです。

こうした「架空計上」も、91年のバブル崩壊でカブトグループの信用力と資金調達が崩れて、継続が難しくなりました。

救済を求められた拓銀は92年6月、カブト担当の責任者だった海道常務の引責辞任と、カブトグループへの540億円の追加支援を決めました。

本来であれば担当である海道氏自身が処理すべきところでしたが、しがらみがありすぎたのでしょう。ただその後、いろいろと行内で調査をしましたが、海道が不正に手を染めたという証拠はありませんでした。

専務に昇格した私は、翌月からカブトグループ向け融資の実態を把握するための行内調査を始めました。この調査では、92年9月末時点でカブトグループ全体の借入金が約5300億円で、うち拓銀グループからの融資が約2800億円にのぼること。カブトグループの含み損は2000億円以上で、さらに1000億円以上の資金不足が見込まれるという深刻な実情が判明しました。

創業者の佐藤茂社長とは一度会いましたが、拓銀として支えようという気持ちがまったく起きない人でした。話している内容も支離滅裂で、まるで〝別次元の宇宙人〟のような印象でした。このままでは企業の存続は不可能だと思いました。

カブトデコムへの融資を調べあげた私は「銀行の経営者としての責任が重大である」という報告書をつくって提出しました。報告書を完成させる直前、頭取室に山内頭取を訪ねて、その内容を報告しました。

すると、山内氏はこうつぶやいたのです。

「俺は知らなかった」

さらに、カブトグループへの融資額の推移などを見ながら、

「俺が担当していた時は融資額は、そんなに増えていないな」

私は、唖然としました。

「これが、頭取の言う言葉か？」

後から何度も痛感することになりますが、山内氏の欠点は、大事なところで逃げるという性格でした。自分で直接、手を汚すことはしない。平時の頭取ならば、彼のような「能吏」でもよかったかもしれません。でも、危機時はダメです。果断な処理ができなくなってしまいます。

調査報告書をまとめた後の10月に開かれた経営会議では、結局、表向きはカブトへの「金融支援」は続けることになりました。金融支援とは、融資残高を凍結して金利を減免して時間を稼ぎ、経営の立ち直りを待つこと。荒療治ではありませんが、積極的に企業を支えるという性質の支援ではありません。バブル崩壊直後だった当時、各銀行はこの金融支援を多用していました。

カブトデコムを法的処理せずに金融支援を続けた一因に、半年後の1993年6月に会員制高級ホテル「エイペックスリゾート洞爺」の開業が控えていたという事情もありまし

た。一般人からリゾート会員権名目で多額の資金を集めており、開業前に破綻させれば混乱を招くという懸念もありました。

そこで開業を待ってから、拓銀はホテル運営などで収益力のあるエイペックス社（旧・甲観光）と、リッチフィールド社（旧・兜ビル開発）の2社の経営権をカブトデコムから引き離しました。カブトデコム社への新規融資は難しいので、分離して銀行から人材を送り込み、何とか運営を維持しようとしたのです。

この過程で、カブトの佐藤社長を拓銀側が手形偽造容疑で刑事告訴するなど、ごたごたがあり、訴訟にも発展。拓銀とカブトの関係は泥沼の状態に陥りました。

結局、リゾート開業の4カ月後の93年11月、拓銀はカブトデコムへの金融支援を打ち切りました。私が打ち切りを通告したのです。同年12月には、カブトの佐藤社長が、関連会社の手形を64億円偽造した容疑で札幌地検に逮捕・起訴されました。

不良債権の後始末役

エスコリースとカブトデコム。皮肉なことに、私は道内における拓銀のバブル期の二大不良債権の「後始末役」を担いました。私の本音は「すべて法的処理すべき」でした。結果的には軟着陸での処理が多くなってしまい、個人的には不本意でした。

なぜ私が、後始末役を担当させられたのか。今でも理由はわかりませんが、思い当たるとすれば、札幌本店企画部長時代の84年に担当した大手建設会社「岩倉組」（本社・苫小牧）の法的整理です。

岩倉組は、歴史のある道内有数の大企業でした。元衆議院議員で苫小牧市長の岩倉博文氏も岩倉一族です。当時の岩倉組は、ゼネコンというより複数の業種を抱えるコングロマリットでしたが、放漫経営がたたって経営が悪化していました。

当時の拓銀は200億円以上の貸し倒れ引当金を積んで法的整理に踏み切りました。当時としては拓銀史上最大ともいえる整理劇でした。もしかしたら、あの時の手腕を買われたのかもしれません。

バブル崩壊後、日本経済の課題として世界中から注目されていたのは、銀行の不良債権問題だったと言っても過言ではありません。93年3月からの自己資本比率規制（BIS規制）の適用を控えて、日本の銀行のディスクロージャー（情報開示）が海外に比べて遅れているとの批判が強まっていました。

大蔵省は、92年4月に拓銀を含む主要行21行の3月末の不良債権額を約8兆円と初めて公表。しかし、その夏の株価の大幅下落を受けて、不良債権額は9月末には12兆3000億円へ拡大。各行は不良債権額と、それに対する引き当てとしての貸し倒れ引当金、有価証券含み益を開示することが義務付けられ、銀行の経営は不良債権処理一辺倒になっていきました。

そして、のちに国策捜査・裁判のターゲットになるソフィアグループという大型不良債権がまだ片付かないなかで、私は94年6月、拓銀の13代目頭取に就任することになりました。

第6章

合併構想

頭取就任に妻の反対

拓銀の本店は、大通西3丁目にありました。3階にあった頭取室は大通公園に面していて、窓からは拓銀が創業90周年で公園に寄贈したばかりの大きな噴水が見えました。

1994年春のことでしたが、副頭取だった私は、頭取室の秘書から呼び出されました。頭取室に入り、山内頭取と応接ソファで向き合いました。

そこで、後任の頭取就任を打診されたのです。

「大変だろうけど、頭取をやってくれ」

「はい」

何の保留もせず、私はその場でこう答えました。今思えば断ればよかったのですが、当時はバブルが崩壊したとはいえ、不良債権額は2000~3000億円程度とされていました。

インキュベーター路線を推進した総合開発部も正式に廃止され、行内で飛ぶ鳥を落とす勢いだった「SSKトリオ」も完全に勢いを失っていました。

当時は株価も小康状態にありました。株や土地の含み益がまだ残っていたこともあり、「これぐらいの不良債権なら時間をかければ、何とか処理できるだろう」。そんな甘い考えを抱いたのが、間違いの始まりでした。

自宅に帰ると、妻の節子からいきなり冷や水を浴びせられました。頭取就任を伝えても全然うれしそうでなく、「あなたには、ついていけない」とまで言われました。

常日頃から「上にへつらうくらいなら出世しなくていい」と言っていた妻は、「頭取になってどうするの?」とつっかかってくるのです。

私は家で仕事のことは一切口に出しませんでしたが、妻は新聞などを読んで何となく「大変な時期に頭取になるのだな」「そんなに苦労を背負いこむことはないのに」と感じていたのかもしれません。いわゆる〝女房の勘〟というやつですね。

拓銀では、夫が役員になると、妻は婦人会に参加するというルールがありましたが、彼女はこの婦人会が嫌いでした。私が頭取になれば、彼女が婦人会を取り仕切らなくてはならなくなる。そのことも、私の頭取就任を嫌がる一因でした。

「拓銀解体」の週刊誌記事

1994年2月5日の『週刊現代』に「大蔵省が策謀する『拓銀解体』の衝撃シナリオ」

という記事が出ました。「ついに本格的『銀行倒産』時代が始まる!」と扇情的な見出しで、拓銀の店舗・組織の北海道分と本州分を分割し、拓銀は道内分の134店舗だけの地方銀行として再スタートを切る。

本州にある関東地方が中心の71店舗は、第一勧業銀行と三和銀行が分割して吸収するという内容で、要は拓銀を三つに解体するという記事でした。

「最初に消滅させる銀行としては、拓銀は絶妙な選択ではあるんです。拓銀が自主再建できないというのはいまや金融界の常識となっており、金融界内でのコンセンサスは得やすい。しかも実質的な影響は、北海道という局所的なものにとどめられますから、金融システム全体の不安にまで及ぶことはないんですよ」とする経済ジャーナリストのコメントが引用されていました。

このほかにも「もはや大蔵省の銀行行政に関する考え方は、潰すのはやむを得ない、それならば『なるべく影響の小さい形でソフトランディングさせたい』というものに変わってきたとされる」「国民にとっては、都銀の解体なり合併なりが与えるアナウンス効果は大きい」「場合によっては、銀行救済のために公的資金を導入することへの反対論を抑えることができるかもしれない」などとありましたが、その時の私は「単なる飛ばし記事だろう」ぐらいの認識でした。

6月の株主総会後、正式に頭取に就任しましたが、当時は経営も厳しく、盛大な祝賀会などはやりませんでした。周りからも「これから大変だな」とばかり言われ、気が重くなりました。

頭取に就任すると、いろいろな雑誌や新聞のインタビューに答えることになります。「自由闊達な銀行にしたい」「若手の積極的な登用を心がけたい」「北海道の経済の活性化、取引先の成長がない限り、銀行も成長は望めない」……。自分の思っている方針を話したつもりです。ただし、不良債権については、思った通りに答えることはできませんでした。

直前の94年3月期決算で1200億円強の不良債権を償却したので、「ひと山は越えたかなという状況」と話しましたが、対外的にはこう言わざるを得なかったのです。

不良債権9600億円

大蔵省の検査と日本銀行の考査について、簡単に説明します。両方とも銀行の資産を査定するのが狙いですが、大蔵省は法令違反のチェック、日銀は営業の在り方や市場変動への対応など、経営指導の性格が強いです。

大蔵検査が監督官庁として銀行法に基づくものであるのに対し、日銀考査は日銀と民間銀行との間で結んだ「考査約定」に基づくものでした。このため、大蔵検査は抜き打ちが多いのに対し、日銀考査は1、2カ月前に事前通告がありました。

拓銀を含む大手行の場合は、大蔵検査、日銀考査とも、3年周期で行われるのが常でした。同じ時期に重ならないようになっており、ほぼ1年半ごとに、金融検査と日銀考査のいずれかが行われていました。

私が頭取に就任した直後の94年は大蔵省検査があり、そこで初めて関係会社分を含めた拓銀の不良債権の総額が示されました。

検査官から示された数字は「約9600億円」。愕然としました。副頭取の頃から不良債権はありましたが、関係会社の分はブラックボックスになっていたのです。

94年8月25日、私は生まれて初めてゴルフでホールインワンを出しました。札幌市内のゴルフ場で、若手経営者たちとのコンペでの出来事でした。当時はホールインワン保険には入っていなかったため、記念品などの出費はかさんだものの、頭取就任直後だったので「幸先がいい」と内心、喜んでいました。

その直後、９６００億円の不良債権総額が大蔵省から示されたのです。最初で最後となったこのホールインワンは、私の人生のピークだったのかもしれません。

94年9月中間期決算では、大幅な減益になりながらも、５００億円弱の不良債権を処理しました。不良債権の総額からみれば「焼け石に水かもしれないが、少しでもやらなければ」と考えたのです。

関連会社のうち、巨額の不良債権を抱えていたのが、系列ノンバンクの「たくぎん抵当証券」でした。たくぎん21世紀ビジョンで打ち出された本州でのニューリテール戦略の別動隊となっていたのです。

東京の中小企業経営者の資産管理を一元的にコンサルティングするという戦略でしたが、拓銀が参入した時期が遅く、結局はリスクの高い案件への投資ばかりが増える結果となりました。

村瀬徹という審査畑の長い幹部を社長として送り込んでいたのですが、全くチェック効果は働きませんでした。たくぎん抵当証券は97年に拓銀が破綻した直後に破産しましたが、なんと貸出債権の約８割が不良債権という有り様でした。

財務格付けが最低の「Eランク」

大蔵省検査の結果に基づき、拓銀は94年12月に「決算承認銀行」に指定されます。経営に問題があり、金融当局の強い管理が必要とされる銀行に大蔵省から指定されたわけです。具体的には、事前に決算内容を大蔵省に提出してチェックを受けるほか、株主への配当や人事、役員賞与などを決めるのにも、大蔵省の承認が必要になりました。

過去には、住友銀行に吸収合併された平和相互銀行や、地上げ業者への過剰融資問題となった第一相互銀行などが指定を受けたことがありました。

不名誉ではありましたが、これだけ多額の不良債権を抱えていては、仕方がありません。ただ、この指定は対外的に公表されることはありませんでした。

ちなみに、この決算承認銀行制度は96年に廃止されています。

94年末からは、全国各地で金融機関の大型破綻が相次ぎました。まず94年12月に、東京に本店がある東京協和信用組合と安全信用組合がともに破綻。95年に入ると、都内の信用組合最大手のコスモ信用組合と、全国の信用組合2位の木津信用組合（大阪市）が、関西では阪神淡路大震災の影響で第二地方銀行の兵庫銀行が破綻するなど、金融危機が本格化していました。

「下手をすれば、拓銀も同じく破綻の道をたどることになる」

私は次第に、こんな危機感を抱くようになりました。

95年3月期決算でも大幅な不良債権処理をしたため、初めての経常赤字87億円を計上しました。しかし、地価の下落で既存貸し出しはどんどん不良債権化していました。寝ても覚めても、どんどん不良債権が増えていく。株価の下落で、不良債権処理の原資に使える「含み益」もどんどん減っていく。まるで坂道を転がり落ちているような気分でした。

処理しても、処理しても、不良債権は減りません。この年の7月にあった日本銀行の考査では、将来的に最大8000億円の不良債権処理が必要になるとの認識を示されました。大蔵省とは多少差はあったものの、不良債権はおおむね8000億円から1兆円の規模ということが確定したことになります。

さらにこの夏、米国から思いがけない〝矢〟が飛んできました。米国の大手格付け会社のムーディーズ・インベスターズ・サービスが、拓銀の財務格付けを最低の「Eランク」にしたのです。

さらなる格下げを防ぐため、頭取である私自らニューヨークにあるムーディーズの本社に乗り込みました。こちらの財務状況を懇切丁寧に説明するのですが、担当のアナリストはただ「拓銀は財務状況が悪い」と繰り返すだけ。どういった理屈で格付けを行っているのかといった説明はありません。

同じ格付け会社のスタンダード&プアーズ（S&P）の本社にも足を運んで説明しましたが、同様の冷たい対応を受けました。

この頃は、欧米の格付け会社が決める、日本の個別銀行の信用格付けが下がったことが、すぐニュースになる時代でした。マスコミが格下げを報道すると、株価が下がるという悪循環が続きました。

「なぜ頼んでもいないのに、米国の会社に日本の銀行が勝手に格付けされなくてはいけないのか。本当に余計なお世話だ」。日本にも米国流の「市場原理主義」が広がってきたことに、私の不満は募るばかりでした。

「首切り河谷」と呼ばれる

1995年11月には、野球部やスキー部といった運動部の廃止を打ち出しました。表向きは「休部」という表現をとりましたが、事実上の「廃部」です。

たくぎん野球部は、夏の社会人野球の全国大会である「都市対抗野球」で76年に準優勝したこともある強豪で、広告塔としての役割も果たしていました。

スキー部も72年の札幌五輪で銀メダルをとった金野昭次《こんのあきつぐ》や、80年のレークプラシッド五輪で銀メダルをとった八木弘和らを生んだ伝統のある部でしたから、スポーツ好きの私としては、廃部は身を切られるようにつらかった。

ただ、休部になる前から運動部の活動予算を削っていたのも事実です。野球部の場合、遠征費用がまかなえず、行内でカンパを募ったり、移動をバスに切り替えたりしてしのいでいたようですが、もうそれすらも難しくなったのです。

相前後して、会長、相談役、顧問の廃止にも踏み切りました。当時の拓銀には、中原哲男、鈴木茂の両相談役、山内宏会長、佐藤安彦・特別顧問の4人がいました。

ひとりひとりの部屋を訪ねて、「申し訳ありませんが、辞めてください」と頭を下げました。4人ともに一度は仕えたことがある先輩たちですから、気が重かった。

私の「辞めてください」という言葉に、鈴木茂相談役は「お前、自分が何を言っているのかわかっているのか」と怒りをあらわにしました。「お前は前代未聞のことを言っているんだぞ」と突っかかってきたので、こちらも「前代未聞の事態なんですから、前代未聞のことを言わねばならないのです」と言い返しました。

この後、行内の4人の大物のクビを切った私は「首切り河谷」と呼ばれるようになりました。

当時は、こうしたリストラによって原資を捻出し、最優先の課題である不良債権処理にあてるぐらいしか手はありませんでした。96年3月期決算では、思い切って1000億円超の不良債権を処理しました。その結果、714億円の最終赤字となりました。本業の儲けである業務純益をすべてぶち込んだのです。

それにもかかわらず、依然として不良債権残高は9552億円。貸出金に占める割合は13・06%と高止まりしていました。

もう2年経ったから辞めたい

ここで、不良債権の分類と処理のルールについて説明しておきましょう。

大蔵省の分類では、回収見込みが高い順番に、第一分類、第二分類、第三分類、第四分類と分けていました。

第一分類は「正常先」で、回収が確実視されるものです。第二分類は「要注意先」、第三分類は「破綻懸念先」、第四分類は「実質破綻先および破綻先」で、第二分類から第四分類までが不良債権とみなされていました。

日本銀行の分類は、正常債権、S（Substandard 注意）、D（Doubt 損失の恐れ）、L（Loss 損失）という4分類でしたが、ほぼ似たようなものでした。

当時の処理ルールで、第四分類やLはすぐに処理しなくてはいけないものの、第三分類やDについては任意で処理できました。つまり、必要最小限の処理だけして、後は先送りするということもできたのです。当時の不良債権処理は銀行の裁量によって、処理方法に濃淡があったわけです。

どの銀行もこの「先送りルール」を利用して、先送りできる不良債権は隠していたと思います。拓銀の場合は、第三分類の債権のうち、本当に危ない債権を選んで処理していました。

これは当時としては比較的、積極的な処理をしていた部類に入ると思います。ただ、株価も地価も下がり続ける局面での処理だったため、いくら処理を重ねても、金額がなかなか減らないというジレンマを抱えていました。

96年5月には、大規模リストラ策を発表しました。アジアを除く海外からの撤退、東京の店舗網縮小、道内店舗の統廃合、そして大幅な人員削減。当時の行員は8000人弱でしたが、これを2000年3月までに5000人体制にもっていくのが目標でした。

バブル崩壊後、銀行の経営を担うことになった人たちに、その地位にしがみつこうとする保身の気持ちは乏しかったと思います。できれば、すぐにでも逃げたくなるような心身をすり減らす仕事だったからです。


後ろ向きで嫌な仕事ばかりだったので、私も何度となく投げ出したくなりました。実は96年夏の役員の任期切れ前の役員懇親会の場で、「もう2年経ったから辞めたい」と役員陣にこぼしたことがあります。

すると、全員から猛反対を受けました。「じゃあ、後は誰がやるんだ」「今辞めるのは敵前逃亡だ」とまで言われました。結局、「これが今の自分に課せられた仕事なのだ」と言い聞かせるしかありませんでした。

カラオケで憂さ晴らし

嫌なことばかりの頭取時代でしたが、支店に行って現場の取引先と話をすることは有意義で、ほっとするひと時でした。拓銀には各支店単位で取引先との親睦団体「すずらん会」をつくっていました。

頭取はこの会に呼ばれて出席するのですが、歴代の頭取に比べて私は積極的に出席しました。いろいろと苦労が多い現場の空気を肌で感じたかったからです。大きな支店よりも、中小の支店のほうが本音を聞けましたし、喜ばれました。

夜は若い行員たちと懇親会で交流を深めました。深夜までのカラオケにもよく付き合いました。今振り返ると、このカラオケで日々の仕事の憂さ晴らしをしていたのかもしれません。

本店の社内食堂の一部に「河谷バー」をつくり、そこで若手行員の声を聞くこともしました。どこまで本音を話してくれたのかはわかりません。ただ、当時は地方金融機関の破綻が相次いでいましたから、「下手すると拓銀も危ない」という私の危機感は行内で共有できていたと思います。

もはや破綻は「対岸の火事」とはいえなくなっていたのです。

特に96年11月には、第二地方銀行の阪和銀行（本店・和歌山市）が、大蔵省から戦後初の業務停止命令を受けて破綻しました。これは、いわゆる資金繰り破綻ではなく、金融当局が認定して破綻処理に踏み切った初のケースでした。

さらに、受け皿銀行を用意せずに、預金者保護に目的を絞った「清算銀行」を新設するなど、大蔵省が護送船団行政と決別し、「問題のある銀行の処理を先送りしない」というメッセージを発したと金融界では受け止められていました。

株式市場では、信用力の下がった銀行の株価が軒並み年初来安値を更新するなど、〝第二の阪和銀行探し〟が始まりました。

「船がまさに沈まんとしている時に乗組員を救うには、余計な荷物を海に捨てるしかない」

当時の私は、こんな悲愴な気持ちで職務にあたっていました。

大手20行は潰さない

そして、激動の1997年を迎えました。「大手行でも破綻処理は避けられない」といった風評が広がり、銀行株は軒並み下落。拓銀の株価は1月9日には18年ぶりに200円を割り込みました。

米格付け会社のムーディーズが、長期預金などの格付け見通しを「投資不適格」に変えたことも投資家心理に不安を与えました。

そんななか、2月10日に開かれた衆議院予算委員会で「大手20行は潰さない」というメッセージを政府が発しました。

元日銀理事の新進党の鈴木淑夫議員が「大手銀行20行を潰さないという方針を橋本内閣はとっているのか」と問うと、三塚博蔵相は「メジャーバンクとよく言われます。血のにじむような不良債権処回収の努力をしている。そういう点から、20行というメジャーバンクをしっかり支えていくのは、大蔵大臣としてこれは当然のこと」と述べて、大蔵省として都市銀行、長期信用銀行、信託銀行といった大手20行を保護する方針を改めて表明したのです。

この方針については、95年頃から日本政府の「国際公約」となっていました。これら20行は国際業務を展開していたため、もし破綻すれば海外の金融機関にも損害を与えて、国の信用が損なわれるというのがその理由でした。

しかし、それでも、拓銀に対する逆風はおさまりませんでした。

3月に入ると、日曜日の民放番組で、ある出演者が「株価からみれば、拓銀は実質的に破綻している」と発言しました。週明けの月曜日には、数十億円単位で預金が流出。結局、

3月に流出した預金は3000億円を超え、資金繰りと株価対策に追われる毎日が続きました。

拓銀と地方銀行の北海道銀行（本店・札幌市）の合併が本格的に動き出したのは、ちょうどこの頃です。もう拓銀単独での生き残りは難しいとの見方が市場では広がっていました。

そもそも私は「拓銀は都銀の下位行で無理するより、北海道の地方銀行の雄となったほうがよい」と考えていましたから、道銀との合併は有力な選択肢の一つでした。

また、当時の国際業務を行う銀行は国際決済銀行（ＢＩＳ）の自己資本比率規制によって、総資産に占める自己資本の割合を8％以上にしなくてはならないとする「8％基準」が求められていました。

たび重なる不良債権処理で自己資本が減るなか、道銀と合併するとともに、海外業務から全面撤退すれば、国内業務に限定する銀行の「4％基準」に切り替えられるという利点もありました。

3月5日、拓銀の武馬鋭弥副頭取を通じて、道銀の佐藤穰治副頭取に合併に向けた正式な頭取対談を要請しました。

道銀の佐藤副頭取は、私の北大法学部の同期で学生時代から気心の知れた関係だったこともあり、彼に打診するよう私から指示を出したのです。拓銀からは本州店舗の閉鎖と道内の思い切ったリストラを約束し、合併を持ちかけました。

そして、3月15日に道銀の藤田恒郎頭取と私の対談が、東京・目黒のウェスティンホテル東京で実現します。

道銀との合併話はこの場で大筋合意し、4月1日の合併構想の正式発表につながったというのが定説になっています。しかし、わずか2週間で、銀行の合併という大きな構想がまとまるわけがありません。

私の記憶に間違いがなければ、96年秋に東京のホテルで、私と藤田頭取は対談しています。11月頃だったと思いますが、そこで両行の合併に関する内諾は得ていました。短時間の対談でしたが、「一緒にやりましょう」といった雰囲気で、意見が一致したことを覚えています。

その頃、拓銀を取り巻く環境は悪くなるばかりでした。当時の私は、道銀との合併が「最後の切り札であり、生き残るにはこれしかない」と信じていました。ですから、97年3月15日の対談は、96年秋の内諾について公式に確認した場だったといえます。

お見合いというより恋愛結婚

1997年4月1日、私と藤田頭取は、札幌グランドホテルで金びょうぶを背に並んで、合併会見に臨みました。合併の基本事項は、98年4月1日をめどに対等の立場で合併すること。道銀を解散会社、拓銀を存続会社とすること。新銀行の名称は「新北海道銀行（仮称）」とすること。新銀行の会長には私が、頭取には藤田氏が就くこと。これらがおもな項目でした。

詰めかけた大勢の報道陣を前に、私は「お見合いというより恋愛結婚のようなもの」と説明。都銀でも地銀でもない「スーパーリージョナルバンク」を目指すと宣言しました。

このままうまくいくと思った合併交渉でしたが、そうは問屋が卸しませんでした。

両行でそれぞれ副頭取を委員長とする合併委員会をつくり、協議を始めました。しかし、道銀は第1回の合併委員会から「拓銀のリストラ状況によっては、合併の延期もありうる」と主張してきたのです。

道銀はもともと拓銀が取引しない中小企業の掘り起こしに熱心で、〝アンチ拓銀〟の気風も強い銀行でした。また、大蔵省出身の藤田頭取の強烈なリーダーシップで知られてい

満面の笑みを浮かべて合併発表会見に臨んだ著者（手前）、道銀・藤田恒郎頭取。だが、不協和音が聞こえてくるのに時間はかからなかった（提供 朝日新聞社）

ました。

私は、その藤田頭取が決めた合併なのだから、必ずうまくいくはずだと信じていました。しかし、藤田頭取と生え抜きの役員陣の間で、合併に対する意見はかなり違っていたようなのです。

さらに、道銀側は「道銀は苦しい不良債権処理を進めてきたのに、そこに拓銀の不良債権がのってくるのは忍びない」「拓銀の不良債権額は大きすぎて、道銀が潰れてしまう」など、合併に後ろ向きな発言が次第に目立っていきました。

不協和音が広がっていたにもかかわらず、当時の拓銀側の認識は甘いものでした。大蔵省のお墨付きも得たうえで、4月に合併発表している以上、「まさか破談になることはないだろう」とたかをくくっていたことは否定できません。


4月の合併発表後、私と藤田頭取が互いの銀行を訪ねて、昼食をとりながら会談を重ねていましたが、資産内容などを精査していくうちに、道銀側はますます慎重な姿勢を強めていきました。

5月1日の頭取会談では、藤田頭取は「合併にあたっての確認事項」を示してきました。内容は、①銀行名は「新北海道銀行」とする、②新銀行は都市銀行ではなく地方銀行とする、③役員数は双方10人ずつの計20人とする、④本州店舗は極力縮小して海外からは全面撤退する、⑤合併比率は97年9月末の基準で監査法人の意見を聴いて決め、比率の高いほうを存続銀行とする、というものでした。道銀側に有利な内容でしたが、拓銀は条件をのみました。

しかし、藤田頭取の態度が、次第に硬化していきました。「何かたくらんでいるな」と感じていたところ、7月の会談で合併のご破算を申し入れてきたのです。「条件が整うまで個別に合理化を進める」との最後通告でした。

破談に至った最大の理由は、やはり不良債権額と、システム統合を巡る認識の違いの溝を埋められなかったことでした。

協議中の7月4日に拓銀がメーンバンクだったゼネコンの東海興業が会社更生法の適用を申請したため、「まだ拓銀には隠れた不良債権があるのではないか」という懸念が広がったことも大きかったのではないかと思います。

当時の道銀は、徹底した人員合理化と経費削減を進めていましたから、拓銀との合併でさらなるリストラを迫られることになる。それが、行員たちの反発につながったとされています。

ただ、道銀側が態度を硬化させた背景には、藤田頭取個人の思惑もあったのではないかと私は推察しています。

藤田頭取は大蔵省で証券局長も務めた大物ですから、冷徹な計算が働いたのでしょう。私の個人的な意見ですが、「不良債権付きの拓銀と合併するよりも、破綻後に預金保険を使った営業譲渡で、受け皿銀行になったほうがいい」という計算があったのではないかと思います。

このときの藤田頭取の翻意は、のちに道銀が受け皿として名前があがった時に、私が真っ向から反対する一因となりました。

事実上の合併破談

8月に入ると、合併の白紙撤回という噂が広がり始めて、もう隠すことはできなくなりました。9月12日午後4時、拓銀本店で私と藤田頭取は共同記者会見をして、合併の半年延期を発表しました。

「これまでの検討の結果、新銀行の財務基盤を含めて基本的な骨格について両行の認識に隔たりがあり、局面打開に向けて努力を重ねましたものの、現在の状況を踏まえますと、予定通り合併することは困難であるとの結論に達しました」

合併延期でしたが、次の合併目標時期を発表資料に明記することはできませんでした。私は「来年10月1日が努力目標」と口頭では述べたものの、実質的には「合併中止」でした。

延期にあわせて私は単独で記者会見をして、今後の不良債権の処理計画や役員削減などのリストラ計画、そして都銀や生損保を中心とする1500億円規模の増資引き受け要請も発表しました。

自己資本比率もぎりぎりになり、もう増資をしないと間に合わないところまで追い込まれていました。しかし、会見の効果は薄く、その後、拓銀の株価は100円を割り込むところまで下落していきました。

道銀との合併が事実上破談になった後、私が目指した生き残り策は、この年の4月に日本債券信用銀行で行われた、日銀と民間金融機関による資本増強で救済する「日債銀方式」でした。

これは、拓銀が道銀との合併構想を発表したのと同じ4月1日に発表されたもので、まさに「大手20行は潰さない」とする政府の方針に沿った内容といえます。

しかし、大蔵省側から「日債銀の場合は預金保険の特別資金援助が使えるかどうかが不透明だったので、やむなくあの方式をとった。不平等かもしれないが、拓銀にはこの方式は適用できない」と拒まれてしまいました。

「奉加帳方式」とも呼ばれるこの方式が、金融機関やマスコミから不評を買ったことも影響したのではないかと思います。

その結果、拓銀が生き残るには、二つの方策しか残されていませんでした。

一つは、地元の北洋銀行や札幌銀行と合併する「合併方式」。もう一つは、95年に破綻した第二地方銀行、兵庫銀行の受け皿となった「みどり銀行」のように、金融機関や地元の経済界などの出資を受けて新銀行を設立する「新銀行方式」でした。

当時を振り返ると、経営難に陥った金融機関を支援する仕組みが、まだ不十分だったと思います。

95年のコスモ信用組合や木津信用組合、兵庫銀行など破綻が相次いだことを教訓に、96年の通常国会で「金融3法」が成立しました。

預金保険改革、金融機関の経営の健全性の確保、金融機関の更生手続きの3法から構成される法律で、5年以内に不良債権処理にめどをつけることを念頭に、預金者の保護と金融秩序の維持のために、破綻処理のルールがつくられました。

しかし、これらはいずれも破綻後の対応であり、その前段階をカバーできるものではありませんでした。

そして、97年はこれら法制度の想定をはるかに超えた「金融危機」が起きてしまったのです。

第7章

破綻の真相

コール市場初のデフォルト

道銀との合併が延期になった1997年9月以降、拓銀の資金繰りは急速に厳しくなりました。

特に首都圏を中心とする本州店舗の預金解約が止まらず、6兆円台だった預金量は9月末には5兆7000億円まで減りました。株価はついに100円を割り込みました。

一方、金融機関同士が日々の資金の貸し付けや借り入れを行う短期金融市場（コール市場）でも、拓銀への警戒感が強まっていきました。

コール市場では、金融のプロ同士が担保を取らずに貸し借りをしています。このため、「焦げ付きは絶対に避けなければならない」というのが暗黙のルールでした。その無担保のコール資金を拓銀は、次第にとりにくくなっていったのです。

追い打ちをかけたのが、11月3日、準大手証券、三洋証券による会社更生法の適用申請でした。三洋証券はバブル期の事業拡大と系列ノンバンクの不良債権が原因で、経営難に陥っていました。負債総額は3736億円。上場証券会社では初の倒産でした。

三洋証券倒産の翌日、コール市場で初めての支払い不能（デフォルト）が発生したのです。金額は10億円。さらに債券貸借（レポ）市場でも83億円が返済不能となりました。

過去の金融機関の破綻で、デフォルトは起きたことがありませんでした。このデフォルトをきっかけに、地銀や生損保といった資金の出し手が臆病になり「危ない噂が流れる金融機関には資金は出せない」というムードが醸成され、金融市場は一気に収縮していきました。

そこで、ターゲットになったのが、拓銀でした。

当時の拓銀には10月から3年ぶりに大蔵省の金融検査が入り、今後の拓銀の方向性を左右する不良債権額を精査する作業も行われていました。毎日の資金繰り会議も重なり、行内はかつてないほどの緊張感に包まれていました。

そんな緊迫した状況下の11月14日の金曜日、拓銀は日銀に積み立てなくてはならない「準備預金」の金額が、目標額に対して不足するという事態に陥りました。

拓銀の東京本部から「すぐに上京してほしい」との緊急連絡が入りました。資金繰りの悪化が極限まで達し、このままでは週明けの17日月曜日の午前中に資金ショートする可能性が高まっていました。

同日夕方、皇居に面した東京・丸の内のパレスホテルで、私に対して大蔵省の中井省審議官らが「17日、預金保険制度を使って拓銀を破綻処理する。道内の営業の受け皿銀行は、北海道銀行にする」と通告してきました。

以前に私が目指した「日債銀方式」は大蔵省に拒まれていたので、私は95年に破綻した兵庫銀行（本店・神戸）のように、地元の経済界と金融機関が出資したみどり銀行のような「新銀行方式」でいきたいと思っていました。

しかし、不況が進んでいる道内で多額の出資金を集めるのは、もはや難しい情勢でした。そこで、営業譲渡という大蔵省の条件はのみましたが、「受け皿が北海道銀行になるのは嫌です。少し時間をください」と拒みました。

合併構想が交渉難の末に破談した経緯などを考えれば、もし道銀が受け皿になった場合、拓銀の行員は極めて不利な状況に追い込まれる。「それだけは体を張ってでも阻止しなければならない」と考えたのです。

この日のうちに受け皿銀行を決めてしまわなければ、大蔵省の筋書き通り、道銀が受け皿になるのは、火を見るよりも明らかでした。

深夜の電話折衝

私はその日の晩、パレスホテルの部屋から、親しかった日本銀行理事の本間忠世《ただよ》氏に電話をかけました。

本間理事とは、頭取になってから何度も会って拓銀の苦境を説明していた仲でした。その対応ぶりから、拓銀の将来を真剣に心配してくれていると感じていました。

本間理事はその後、破綻した日本債券信用銀行（現・あおぞら銀行）の初代社長となりましたが、就任直後の2000年9月、不幸にも自死されてしまいました。とても優しい方でした。

大蔵省から破綻と道銀への営業譲渡を通告された際、真っ先に私の脳裏に浮かんだのが、本間理事の顔でした。道銀以外の受け皿を考えた場合、想定できたのは道内の別の地方銀行しかありませんでした。

札幌銀行（本店・札幌市）には当時、拓銀出身で私も仕えたことがある潮田隆頭取がいましたが、いかんせん規模が小さすぎました。もう頼みの綱は北洋銀行（本店・札幌市）しかなかったのです。

北洋銀行は代々、日銀出身者が頭取を務めており、当時の武井正直頭取は元日銀考査局次長でした。武井頭取とは面識はあったものの、あまり親しい関係ではありません。

そこで私は、日銀ルートで本間理事に「武井社長と連絡をとってもらい、受け皿になってもらえないか打診してほしい」と頼みこんだのです。

何分待ったかは記憶にありません。しばらくして、本間理事から連絡が入りました。

「武井頭取はOKと言っている」

その連絡を受けて、私はすぐに大蔵省の中井審議官に電話をかけて「破綻後の受け皿は北洋銀行に決めました。日銀もOKと言ってくれています。道銀は絶対に受け皿にはさせません」と言いました。

もう破綻は避けられませんでしたので、これは私なりの大蔵省に対する「徹底抗戦」でした。大蔵省の言うことに反発したのは、これが最初で最後です。

当時の武井頭取の心中は推し量るよりほかにありませんが、ここで受け皿にならなければ、ライバルである道銀が、道内のガリバー銀行になってしまうという危機感があったのだと思います。

中井審議官は、まさか北洋銀行という選択肢が出てくるとは想定していなかったのでしょう。電話口の向こうでやや戸惑ったような様子でした。第二地方銀行が都市銀行の受け皿になるというのは、金融界の常識から考えれば、ありえない組み合わせです。

当時の資金量は拓銀が約10兆円で、北洋銀行は約2兆円と、約5倍の開きがありました。当時の大蔵省の銀行局の組織体制も、都銀、長信銀、地銀を所管するのは銀行課であるのに対して、第二地方銀行を所管していたのは、信用金庫や信用組合と同じく中小金融課でした。

そんなこともあって、大蔵省は「小が大をのむことはない」とたかをくくっていたようです。でも、私が日銀の本間理事の仲介で外堀を埋めていたので、大蔵省は「しょうがない」と渋々受け入れたのだと思います。

今でも頭取になっていいことをしたと私が思うのは、北洋銀行という受け皿を決めたことだけです。拓銀と道銀は、道内の融資の現場ではかなり熾烈な争いをしていましたから、行員同士も反目していたのです。

対等合併であれば、そのいさかいものみ込めたかもしれませんが、破綻後の営業譲渡となれば、拓銀の行員は一生冷や飯を食うことになる。それだけは避けなければならない。そう私は考えたのです。あのときの判断は間違っていなかったと信じています。

今でも元行員の多くは「あの時、道銀が受け皿にならなくてよかった」「河谷さんがあの時、頭取でよかった」と言ってくれます。彼ら彼女らのこうした言葉は、私にとって大切な「勲章」になりました。

11月16日の日曜日の午後、パレスホテルで拓銀の破綻と営業譲渡を決める臨時取締役会を開きました。私から銀行の存続が困難になったこと、受け皿は北洋銀行になったこと、金融当局も了解していること、などを説明しました。そして、出席者全員の賛成で拓銀の「最期」が決まったのです。

破綻の記者会見は、週明けの17日朝に決まりました。

会見に備えて前日の夜は、札幌ロイヤルホテルに宿泊しました。なかなか寝つけなかったので、何の気なしに、テレビの衛星中継でサッカー・ワールドカップ フランス大会のアジア予選の最終試合を見ていました。

マレーシアのジョホールバルで、日本代表がイラン代表とアジア第三代表の座を争っていました。2－2のまま、延長戦となり、フォワードの岡野雅行選手がスライディングでゴールを決めました。日本が競り勝ち、ワールドカップの本戦初出場を決めたのです。

日本のサッカー史上、記念すべき「勝ち戦」を喜ぶ岡田武史監督の姿を眺めながら、明日、日本の金融史上、最大となる「負け戦」の会見をする自分の運命を呪うしかありませんでした。

破綻会見

１９９７年11月17日午前８時20分。拓銀本店５階の会議室で、破綻の記者会見に臨みました。

「株式会社北海道拓殖銀行は、当行の北海道地区における業務を他の地元金融機関の協力を得つつ、株式会社北洋銀行に承継願うことを決定いたしました」

３年後には創業１００周年を迎える矢先の幕引きでした。

「リストラで不良債権処理を進めましたが、年初来の信用不安報道、道銀との合併延期などで預金流出が止まらなくなった」

「地域経済の混乱を回避するためには、他の金融機関に承継してもらうのが最善の方策であるとの結論に達しました。株主やお取引先の皆さんには大変申し訳ない」

会見では道内の預金や貸し出しは北洋銀行に譲渡することを説明しましたが、本州分についてはまだ譲渡先が決まっていませんでした。

預金や銀行間取引の債権は全額保護されること、営業譲渡までの間、日銀が拓銀に対して無制限の特別融資を行い、流動性資金を確保することも発表しました。破綻の責任をとり、私以下役員は全員が辞任することも発表しました。

記者会見で頭を下げる拓銀幹部ら。右から２人目が著者（提供 朝日新聞社）

破綻の要因を記者から問われて、「バブル期に膨らんだ貸し出しの不良化、不良債権の一語に尽きる」と答えたことは、うっすらと覚えています。

不良債権の半分以上は、たくぎん抵当証券を始めとする関係会社のものでした。その管理が甘かったことが、最終的に命取りとなりました。

関係会社の不正会計や不祥事というのは、今でも時々、大企業で起きています。企業の規模が大きくなり、従業員が増えれば増えるほど、その管理が難しくなるという経営の難所は何も変わっていないように思います。

破綻会見と同じ頃、東京・霞が関の大蔵省では、三塚博蔵相が記者会見をしました。会見では、「大手20行は守る」としていた大蔵省の国際公約に関する責任を問われました。

三塚蔵相は、「内外の金融システムに動揺が生じないよう対処してまいりました。拓銀はすでに国際業務から撤退している。金融機能も引き継がれ、預金者保護にも万全を期しております」と答えました。

1時間ほど遅れて、北洋銀行の武井頭取も札幌市内で記者会見し、「ここ数日間、拓銀と大蔵省、日本銀行の強い要請があり、譲渡受け入れを決断した。私利私欲のためではなく、このまま放置すれば、北海道経済が大混乱してしまうという広い見地に立って決断した」と説明しました。

私はその後、武井頭取を訪ねて、受け皿になってくれたことへの謝意と、11月21日付で辞任する旨を説明して「できるだけよい形で引き継ぎたい」と話しました。

受け皿になることが決まって、初めて顔を合わせたのがこのタイミングでした。

恐れていた取り付け騒ぎの発生

「倒産はしない」とされていた都市銀行の拓銀が破綻したことで、預金者の間には、信用不安が生まれました。

もともと預金保険法には、破綻した金融機関からの預金払い戻し保証額を元本1000万円とその利息までとする「ペイオフ」のルールが盛り込まれていました。もとより、日本では1971年に預金保険機構が設立されて以来、実際に金融機関の破綻で預金カットが行われた例はありませんでした。

政府は95年、預金を全額保護する方針を打ち出し、2001年3月末まではペイオフの実施を凍結することを決めていました。当時は多くの金融機関が経営不安を抱えており、ペイオフを凍結しないと、金融不安が加速する恐れがあったのです。

しかし、拓銀の破綻によって「大手行は安全」という不倒神話が崩れ、恐れていた取り付け騒ぎが起きてしまいました。


拓銀破綻のニュースが11月17日の午前7時のニュースで流れ、新聞各社の号外が出ると、拓銀の本支店の窓口やATMの前には、預金の引き出しや定期預金の解約を求める人たちで長蛇の列ができました。

行員は来店客に「外貨預金を含めて預金は一切の元利金が全額保護されます」「年金の受け取り、公共料金などの自動振替口座はそのまま北洋銀行に引き継がれます」といった文書を配って対応にあたったものの、どこの支店も殺気立っていました。

店外に人があふれると、パニックを引き起こす恐れがあると考えて、店内の応接室をすべて待合室にしたといいます。

現場の行員はてんやわんやの中でもしっかりやってくれました。日本銀行の特別融資で現金は入ってきたのでしのげましたが、しばらくは預金の流出は続きました。

そこで北洋銀行と拓銀は11月21日、武井正直・北洋銀行頭取と、鷲田秀光・拓銀頭取代行の連名で新聞広告（北海道新聞・夕刊）を出しました。

「《たくぎん》の預金者のみなさまへ　ご預金については、日本銀行から資金が供給されていますので、まったく心配ございません」と説明し、拓銀のマスコットキャラクターの「たあ坊」と北洋銀行のキャラクター「ダッカドゥ」というアヒルの絵を並べて、安心を呼びかけました。

日本銀行札幌支店長の談話が新聞記事になったこともあり、預金の流出は約1週間でほぼ沈静化したといいます。

道内の預金者の不安を高めてしまったこと、日銀やほかの金融機関にも混乱を招いてしまったことは、つくづくご迷惑をおかけしたと反省しています。

広がる破綻の余波

拓銀破綻の余波は道内にとどまりませんでした。拓銀破綻の約1週間後の11月24日には、四大証券会社の一角である山一証券が自主廃業を発表しました。

都銀のプライドを捨てきれなかった拓銀と同様、四大証券のプライドを捨てきれなかった山一は「ニギリ」や「飛ばし」といった不正行為が横行。簿外債務として隠蔽していたものの、それが発覚して最終的に自主再建を断念しました。

この日は勤労感謝の日の振替休日でしたが、これをきっかけに金融システム危機が現実のものとなりました。

連休明けの翌25日は、証券会社や銀行など全国のあちこちの金融機関で早朝から預金の引き出しや説明を求める客の行列ができました。株式市場では、混乱に便乗して、さまざまな風説が乱れ飛んだといいます。

札幌市内でも26日、安田信託銀行の支店で来店客が約1000人と前日の倍を数え、整理券を配ったり、店内の空き部屋を使ったりしての対応が続きました。

東京証券取引所や日本銀行本店では、株価が急落した大和証券や日本長期信用銀行、京葉銀行などが、次々と経営不安を否定する会見を開くなど、さながら金融恐慌の様相だったといいます。

11月26日に三塚博大蔵相と松下康雄日銀総裁の連名で「大蔵省、日銀としては潤沢かつ躊躇なく資金を供給する」という内容の談話を発表したことで、翌日からは次第に預金者も市場も落ち着きを取り戻していきました。

拓銀の本州分の預金や貸し出しの受け皿が中央信託銀行に決まったのは、1998年2月。この年の10月、拓銀に投入される公的資金額が最終的に決まりました。

当時の預金保険法は、モラルハザードを防ぐため、預金保険が資金援助できるのは、破綻した銀行を救済する銀行に限られていました。また、預金保険機構による不良債権の直接買い取りも、破綻した銀行からしかできませんでした。

預金保険機構は、拓銀の破綻処理と北洋銀行、中央信託銀行への営業譲渡にともなう資金援助額を最終的に3兆4113億円に決定しました。これは、過去最大の援助額となりました。

拓銀の道内の109店舗を引き継いだ北洋銀行は、国内最大級の第二地方銀行になりました。資金量は4兆7000億円、貸出金量は3兆7000億円。北洋には拓銀行員のうち1910人が移りました。

本州の59店舗は中央信託銀行に受け継がれ、拓銀から約1200人が移りました。また、拓銀の不良債権を受け継いだ、整理回収銀行札幌事業局には275人が移ることになりました。

同じ頃、金融行政も大きく変わりました。98年6月には金融監督庁が総理府の外局として発足し、金融機関に対する検査・監督業務が大蔵省から金融監督庁に移されました。大蔵省では銀行局、証券局が廃止されて、金融企画局ができました。いわゆる護送船団方式といわれた「事前規制型」から「事後チェック型」へと転換していったのです。

「国策銀行」の末路

1998年は、拓銀と同じくかつて「国策銀行」だった大手2行が破綻した年でもありました。10月の日本長期信用銀行（長銀）、そして12月の日本債券信用銀行（日債銀）です。拓銀を始め、1890年代から1900年代にかけて設立されて国策を担ったのが「特殊銀行」でした。戦後、GHQは特殊銀行の解散・再編成に踏み切りました。

まず植民地にあった台湾銀行、朝鮮銀行は閉鎖・解散となりました。国内にあった拓銀、

特殊銀行の変遷

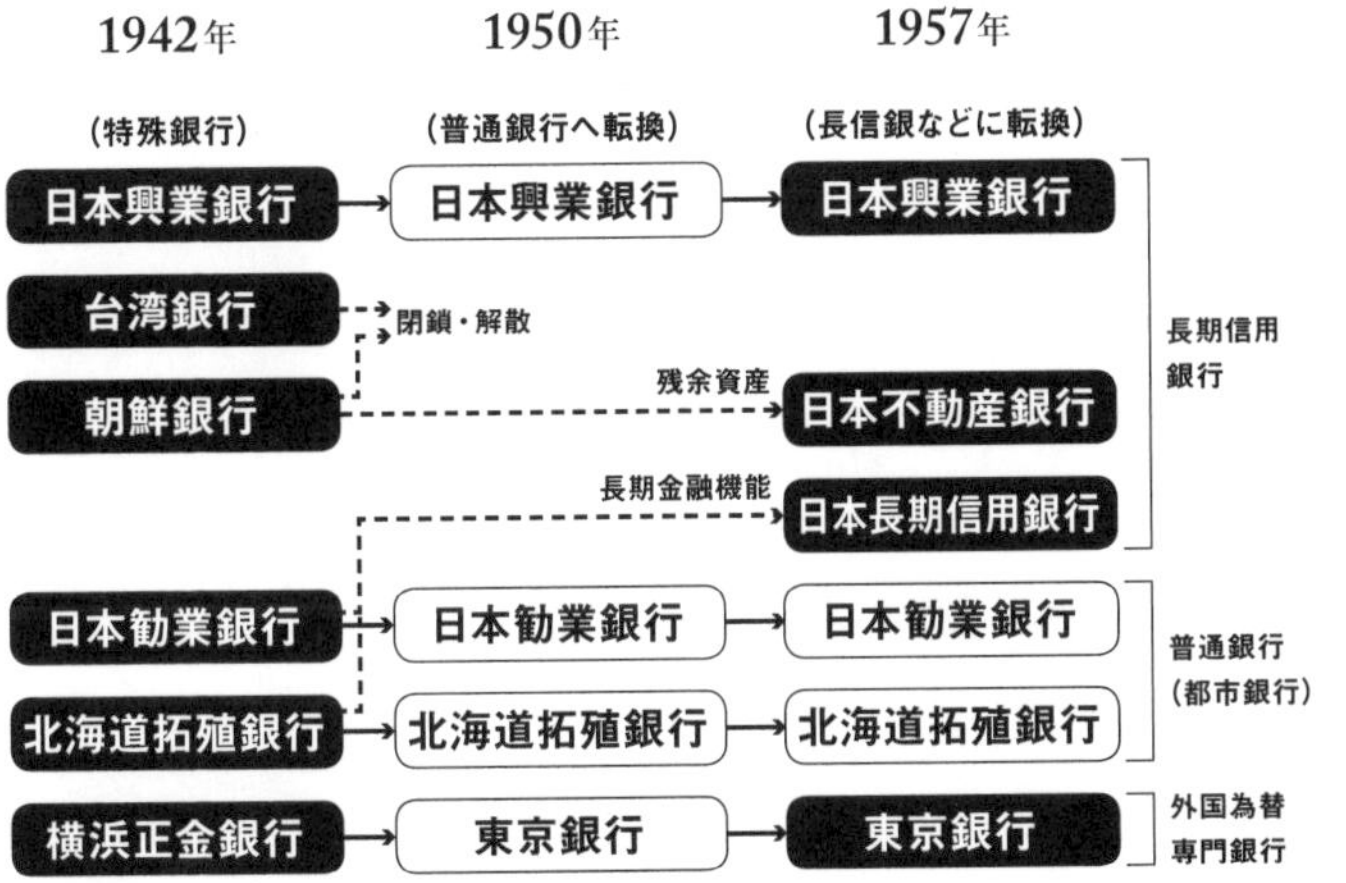

※日本不動産銀行は1977年に日本債券信用銀行と改称　※日本勧業銀行は1971年に第一銀行と合併して第一勧業銀行に

日本勧業銀行、日本興業銀行（興銀）、横浜正金《しょうきん》銀行の4行は、1950年に普通銀行へと転換しました。

その後、特殊銀行の取り扱いは、日本政府の要請もあって二転三転します。日本政府は、欧米諸国に追いつこうと重化学工業化を目指していましたが、設備投資のための長期資金が圧倒的に不足していました。

そこで、池田勇人蔵相が投資銀行設立構想を打ち出して1952年、その担い手をつくりだすための「長期信用銀行法」を制定しました。

おもに金融債を発行して資金を集め、これを回収に長い時間がかかる大企業に、設備投資費などで長期に貸し付ける長期信用銀行（長信銀）がここに誕生することになりました。

1952年、この法律に基づいて興銀が長信銀に転換し、新たに長銀も設立されました。長銀は、拓銀と日本勧業銀行が普通銀行に転換する際に失った債券発行機能を継承する形で発足。発足時には、日本勧業銀行や拓銀などから行員が移籍しました。

こうした経緯もあり、長銀と拓銀は長らく互いの株式を持ち合っていたほか、人事交流も行われていました。

少し遅れて57年に設立されたのが日債銀でした。旧朝鮮銀行の日本国内の残余財産を元に発足し、不動産抵当貸し付けに主眼がおかれていました。当初は、日本不動産銀行という名称で発足し、77年に日債銀に行名変更しました。

高度経済成長期の長信銀は、おもに企業の日々の資金繰りを担う都市銀行とは棲み分けができていました。つまり、都銀は金融債を買うことで、長信銀というバイパスを介して取引先に長期資金を供給していたのです。

長信銀が長期の融資を、そのほかの普通銀行が短期の融資を担うという線引きは「長短分離」と言われ、長らく続きました。

しかし、70年代の2度の石油ショックを経て、日本経済は低成長に転換。都市銀行が長期資金市場にも進出し始めたほか、大企業が社債や株式の発行で直接、市場から資金を調達するようになると、銀行に対する長期資金の借り入れ需要は大きく落ち込みました。「戦後復興のため、長期資金を供給する」という長信銀の歴史的な使命は、ここで終わっていたともよく言われます。

両行はバブル期に、地価の高騰を背景に不動産関連融資や中小企業への貸し出しに走りました。しかし、バブルが崩壊した結果、多額の不良債権を抱え込むこととなり、98年に相次いで金融再生法のもとで破綻する運命をたどることになります。

1950年に普通銀行に転換している拓銀は、長信銀とは境遇が同じとは純粋には言えないかもしれません。ただ、かつて「国策」を担った特殊銀行が、次第に時代に合わなくなっていき、やがて破綻に追い込まれた。その構図にはどこか相通じるものを感じます。

長銀の破綻直前に頭取となった鈴木恒男氏も『ダイヤモンド・オンライン』のインタビュー記事で、「我々は長信銀制度からの転換ができなかった。(中略)究極的には長信銀が歴史的使命を終えて消滅したということなのだと思います」と語っています。

拓銀の私と山内会長、長銀の大野木克信頭取、須田正己副頭取、鈴木克治副頭取、日債銀の窪田弘会長、東郷重興頭取。3行の経営トップは、いずれも破綻したのちに刑事事件で逮捕されるという苦難も味わいました。

これらは、経営者の責任追及という世論の後押しを受けた「国策捜査」であり、「国策裁判」だったと思います。たまたま破綻時に責任者だったというだけで、重荷を背負うことになりました。

長銀と日債銀の経営陣は、ともに98年3月期決算で、十分な引き当て・償却を行わない「粉飾決算」を行ったという証券取引法違反の容疑に問われましたが、最終的には無罪になりました。

一方、私と山内氏は特別背任罪で有罪となってしまいました。かつての国策銀行のうち、拓銀の有罪と、長銀・日債銀の無罪を分けた線引きの理由は、いったいどこにあったのでしょうか。心のどこかでずっと引っかかっています。

「万死に値する」との非難

当時の日本では、銀行の不良債権問題を何とかしなければならないという機運が高まる一方で、公的資金の投入はあくまで銀行の経営者の責任追及が前提でした。

公的資金と引き換えの責任追及を求めていたのは、ほかならぬ日本の社会であり、世論だったのです。

今でも覚えているのが、破綻から約1カ月後の12月9日に衆院予算委員会に参考人として呼ばれた時のことです。破綻した金融機関の経営者の責任追及を巡る議論が行われ、私のほかに自主廃業した山一証券の行平次雄会長も参考人として呼ばれていました。

私は議員らに「97年の1月頃から破綻への危機感を感じ始めた」「道銀との合併を模索したが、不良債権の認識の溝が埋められずに破談に至った」といった内容を説明しました。

「経営に甘えがあったのではないか」との問いには、こう反論しました。

「甘い経営をやっていたら大変なことになるという認識は当初から強く持っておりましたし、（中略）相当のリストラも実行いたしました。（中略）このリストラの面につきましては、私は決して他行さんに比べて負けるとも劣らないぐらいのことをやってきたつもりでございます」

しかし、自民党の石川要三議員は、私にこう言い放ちました。

「これ（破綻）は大変な事件だと言っても差し支えないと思うんですね。単に国民からの信用を失っただけじゃなくて、国際的にも信用を失った。（中略）これに対してはどんなに反省し、どんなに大きく考えても、責任をとり切れないものがある。まさに私は、万死に値するぐらいのものではないかな、こんなふうに思うのです」
奇しくも、この議員の言葉は予言になりました。
約1年3カ月後、私は捜査当局に特別背任の容疑で逮捕されることになります。

第8章

特別背任という罪

国策捜査のターゲット

「国策捜査」という言葉を、現代の日本社会に知らしめた1人は、元外務官僚で作家の佐藤優氏でしょう。自らそのターゲットになった佐藤氏は、著書『国家の罠』で国策捜査をこう定義しています。

「国家がいわば『自己保存の本能』に基づいて、検察を道具にして政治事件を作り出していくことだ。（中略）初めから特定の人物を断罪することを想定した上で捜査が始まるのである」

　そして、こうも述べています。

「検察はターゲットとした人物に何としても犯罪を見つけだそうとする。ここで犯罪を見つけだすことができるとすれば、それが微罪であるとしても、検察は犯罪を摘発したわけだから、検察が犯罪をデッチあげたわけではない。国民は拍手喝采する。他方、どうしてもターゲットに犯罪が見つからない場合はどうするのか。理論的には検察は事件化を諦める。しかし、世の中は理論通りには進まない。そのときは検察は事件を作るのである。この場合も国民は拍手喝采して検察の『快挙』を讃える」

私も、この国策捜査のターゲットになった1人でした。

1998年9月、拓銀の委嘱を受けた弁護士でつくる「与信調査委員会」が報告書をまとめました。そして翌月、私と山内宏氏の2人の頭取経験者が、特別背任の容疑で刑事告発されました。

調査委の土屋公献委員長（元日本弁護士連合会会長）は、東京・霞が関の弁護士会館で会見し、「私情にとらわれず、厳正に調査した。（元頭取を）罰することで2度と同じようなことが起きないようにしたい。銀行を信頼している国民や日本経済にとって、告発は大きな意義がある」と述べました。

時効が成立していない融資案件のみ告発

ここで、二つ指摘しておきたいことがあります。

調査委は特別背任罪として追及すべき数十件近くの融資案件を調べましたが、結果的に告発に至ったのは、ソフィアグループ向け融資だけでした。それはなぜか。

1980年代後半から90年代前半のバブル期のずさんな融資の案件は、いずれも5年（現在は7年）という特別背任罪の時効が成立していたからです。

拓銀の巨額の不良債権を生む乱脈融資を主導したのは、「SSKトリオ」と呼ばれた、鈴木茂元頭取、佐藤安彦元副頭取、海道弘司元常務ら、バブル期の経営陣でした。しかし、彼らは時効という壁に守られて、刑事責任を問われることはありませんでした。

その代わりに、破綻直前の案件で時効が成立していなかった、ソフィア向け融資が告発の対象となり、私と山内氏の2人のみが告発されたのです。

また、私たちを告発したのは、被害者である拓銀ではなく、調査委の各委員でした。それはなぜか。

調査報告書の提出を受けた、拓銀の役員会は私たち3人を拓銀として告訴するか、もしくは調査委の委員の名を借りて告発するか、議論した結果、後者を選んだのです。

役員陣は一緒に仕事をしてきたからこそ、私や山内会長がバブルの「後始末役」で、たまたま破綻時にトップだったことがわかっており、告訴をためらったのだと思います。

私は、何も悪いことはしていないという自負がありましたから、刑事告発を受けても、怖くはありませんでした。たとえ逮捕されて取り調べを受けたとしても、本当にあったことを包み隠さずに話せば済むこと、とのんきに構えていました。

当時は、まさか自分が「国策捜査」や「国策裁判」のターゲットになるとは思ってもみませんでした。

突然の逮捕

佐藤優氏は、自らの拘置所暮らしの時に記した獄中ノートをまとめた『獄中記』で、国策捜査の手法について、詳しく述べています。

「『初めに事件ありき』ではなく、まず、役者を決め、それからストーリーを作り、そこに個々の役者を押し込んでいきます。その場合、配役は周囲から固めていき、主役、準主役が登場するのはかなり後になってからです。(中略)役者になっていると思われるにもかかわらず、東京地検特捜部から任意の事情聴取がなかなかこない場合は要注意です。主役か準主役になっている可能性があります」

当時の私が、まさにそんな状況でした。ほかの元役員らが任意で警察に呼ばれて事情を聞かれていましたが、なぜか私は一度も任意で呼ばれていませんでした。「いつ呼ばれるのだろうか」と不安に思っていたところ、1999年3月2日の朝を迎えたのです。

この日の朝、「ちょっと任意で話を聞きたい」と、警察が車で自宅に迎えに来ました。

道警中央署での取り調べは、昼頃から始まりました。しかし、中身は融資などには踏み込まず、雑談ばかりで、たいした内容はありませんでした。

このままいったん帰宅できるのかなと思っていたところ、突然夜になって逮捕状を見せられて逮捕となりました。

「通常は、任意で何回か聴取があった後に容疑が固まった段階で逮捕となる」

逮捕される前日の夕方にホテルであった弁護団との打ち合わせで、そう聞かされていたので、いきなりの逮捕には驚きました。

国策捜査の取り調べかた

私は、知らぬ間に佐藤氏がいうところの「国策捜査の主役」になっていたのです。翌朝には自宅に家宅捜索も入りました。私は日記や手帳などはつけない主義なので、押収品はほとんどありませんでした。

大手行21行に対して総額1兆8000億円の公的資金が注入されてからちょうど1年。公的資金注入のための「スケープゴート」として、破綻した拓銀の「最後の頭取」である私が、このタイミングで逮捕されたというのも単なる偶然ではないような気がします。

被疑者は逮捕されると、まずは警察で48時間、続いて検察で24時間の取り調べを受けます。その後も必要があれば、最長で計20日間、勾留が延長されます。つまり計23日間にわたって身柄が拘束されて、孤立無援の状況に置かれるわけです。

道警中央署で行われた道警捜査二課による取り調べは、雑談に終始して、厳しい取り調べという感覚はありませんでした。

逮捕から2日後に接見した日浦弁護士からは、「決して自分の本意に沿わない調書には署名をしないように」と助言をもらいました。

私が「国策捜査」とはどんなものかを思い知らされたのは、その後の検察の取り調べでした。

実は特別背任容疑で逮捕される前、カブトデコムの手形偽造事件に関して、私は参考人として、札幌地検の取り調べを受けたことがありました。

1993年頃だったと記憶していますが、その際は一問一答形式で、検察官の質問に私が答えた内容を調書としてまとめていくというスタイルでした。今回も同じように一問一答のスタイルをとるものだと思っていたところ、そうではありませんでした。

札幌地検の取調室で私を取り調べた検察官は、東京地検から応援に来ていた検事でした。

取調室に行くと、すでに検察の筋書き通りの供述調書ができあがっていました。そして、検事はくる日もくる日もできあがってプリントアウトしている供述調書に「署名をしてくれ」の一点張りでした。

これらの調書の動機はすべて「頭取としての地位を守るために融資を続けた」という決まり文句になっていました。これでは下手な作文、綴り方のようなものです。私の本意ではありませんでしたので、署名を拒否し続けました。

被疑者として取り調べを受けた時の心情は、一般の人にはなかなかわかってもらえないことでしょう。

拓銀が破綻した翌年に破綻した日本長期信用銀行の「最後の頭取」となった鈴木恒男氏は、粉飾決算・違法配当をめぐる刑事事件で、東京地検特捜部から長期にわたって取り調べを受けました。

結果的に逮捕は免れたものの、当時のつらさを著書『巨大銀行の消滅』でこう語っています。

「信用システムという経済の血管にもたとえられる機能の一翼を担う大手金融機関に籍を置き、半ば公的な役割の一端を担っているつもりだった自分が、被疑者として国家に糾弾される。かつて国の強大な権力に近づき、いくらかでもそれに触れたことがある者にとっては、その国家と争う困難が絶望的なほどに大きく見える。それよりもまず、当方の説明が検察官にまったく理解されず、逆に、『保身を図っていたものが、虚言を弄して責任逃れをするのか』と面罵されるのは、体を傷つけられる以上につらい」

私と同じ日に逮捕された山内氏に対する検事の取り調べも、鈴木氏と同様に厳しいものでした。「バカヤロー」とか「それでも拓銀の頭取か」とか「道民が経済的に苦しんでいるのがわかっているのか」などと大声で怒鳴られ、罵声を浴びせられたそうです。

山内氏は法廷で「そういう状況に置かれた人でないとわからないが、高血圧で体調が悪いこともあり、早く（取り調べの）部屋から出たくて、抵抗力がなくなり、署名してしまった」と悔やんでいました。

しかし、私の場合は、違いました。検察官は一貫して紳士的な態度でした。日浦弁護士からは「河谷さんの自尊心を傷つけることを必ず言ってくるから気をつけるように」とかなり脅されていましたので、正直、拍子抜けしてしまったほどです。

これも検察の作戦だったのでしょう。

「頼むから署名してくださいよ」とせがむ検事

取調室にはいつも、検察官と事務官と私の3人。話は和やかな雰囲気で進み、もっぱら雑談をしていました。言葉を交わしているうち、この検察官は金融の世界をまったくわかっていないことがわかりました。これでは、質問のしようがないだろうとも感じていました。

仕方がなく、私は、当時の金融システムに関するレクチャーをしたり、銀行内の融資の審査の方法を教えてあげたりと、そんな毎日が続きました。

雑談の合間をぬって、検察官は「頼むから署名してくださいよ」「署名してくれないと困るよ」「悪いようにはしないから」などと、私を懐柔し続けました。

後から知りましたが、特別背任のような経済事件は構図が複雑なため、被告人の供述調書はこういうやり方でとるのが一般的なのだそうです。

明確な物証があるわけではないから、検察側は証拠を見せることもできない。だから、最初から筋書きをつくって、調書に署名をしてくれと頼むしかないのだそうです。

私はだんだん「この検察官には何を言っても無駄かもしれない」と諦めの気持ちが強くなっていきました。体調がすぐれなかったこともあり、嫌々ながら複数の供述調書に署名をしてしまいました。

署名したのはまとめてではなく、何度かに分けてでした。調書を読みながら「下手な文章だなあ」と嫌みも言いました。

署名したもう一つの理由に、検察官から「後から河谷さんの主張をまとめた調書をつくるから」と言われたこともありました。しかし、いくら日が過ぎても、私の本当の言い分を記した調書がつくられる気配はありません。

「私の言い分を記した調書は、いつつくってくれるのですか」

こう尋ねると、検事はこう答えました。

「悪いけど、もうつくる時間はありません」

何の謝罪もないまま、約束を破ったのです。

「これが検察のやり方なのか……」

啞然とするよりしかたありませんでした。


のちに日浦弁護士から、自分が納得していない供述調書に私が署名をしたことについて、「なぜあんなに言い含めておいたのに、調書にサインをしたのか」ときつくとがめられました。

でも、私が「もうこうなったら、裁判所に公正に判断してもらえばいい」と言うと、日浦弁護士も「あなたがそういうのならば、しょうがない」と理解を示してくれました。

なぜ署名してしまったのか

それでも一般の人は「なぜ事実ではない調書に署名したのか」といぶかるだろうと思います。心理学者で、さまざまな冤罪事件について鑑定書も出している浜田寿美男・奈良女子大名誉教授は著書『虚偽自白を読み解く』で、こう指摘しています。

「そもそも、無実の人が自白に落ちてしまうときの取調べの圧力状況は、外からはさほどではないように見えても、その当人にとっておそろしく厳しい。長く身柄を押さえられて連日取調べにさらされるだけで、たとえ拷問などの直接的な暴力はなくとも、たいていの人はまいってしまう。その厳しさを実際に味わった人たちは、異口同音に、『これればかりは体験した者にしかわからない』と言う」

「無実の人は、やっていないのだから『私はやっていない』とちゃんと言えば取調官もわかってくれるはずだと思う。にもかかわらず、いくら言っても取調官は聞いてくれない。だからこそ無力感に陥るのである」

「無実の人にはその刑罰の現実感がない。何しろ自分はやっていないのである。（中略）ここで自白したとしても、さすがに裁判になれば、裁判官たちはわかってくれるはずと思う」

いずれも程度の差はあれど、当時の私が感じたのと同じ感覚です。

逮捕されてから裁判が始まる1999年7月までの約150日間、私は「未決勾留」という形で拘置所暮らしをしました。罪を否認していたので、仮釈放が認められなかったのです。

とはいえ、拘置所の暮らしは割合、快適でした。食事は仕出し弁当が多く、味はまあまあでした。でも、ほとんど運動しなかったので、体重が6kg近く増えました。しまいには刑務官が心配してくれて、「同じく勾留されている山内さんは毎日運動している。河谷さんもちゃんと運動しないとダメだ」と言われました。

しかし、運動といっても中庭のようなところをぐるぐる回るだけです。私は生まれつきの怠け者ですから、運動のために独房から出たのは2、3回程度でした。

収容されていた独房の広さは3畳程度。トイレと洗面台、テレビが備え付けられていました。寝る時以外は布団を畳んでおくことを除けば、独房では基本的には何をしてもよかった。本を読んだり、テレビを見たりという毎日でしたが、事件のことが頭に浮かぶと、なかなか寝つけませんでした。

妻から趣味の将棋の本を差し入れてもらい、熱心に読みました。詰め将棋のことを考えている時だけは、事件のことを考えないで済んだからです。

法廷で初公判

1999年7月22日、私の長い長い闘いが始まりました。

午前10時、札幌市中央区の札幌地裁8階の5号法廷で初公判が開かれました。

私は、ジャケットにワイシャツ姿で出廷しました。本来ならば手錠と腰縄は入廷後に外されるのですが、弁護側からの申し入れが認められて、入廷前に外されました。

高麗邦彦裁判長から名前を問われたので、「河谷禎昌」と答え、職業は「なし」と答えました。

法廷ではまず、検察側が起訴状を約15分間にわたって朗読しました。

「被告人山内宏と河谷禎昌は、北海道拓殖銀行の代表取締役頭取として拓銀における業務全般を統括掌理し、銀行貸付をなすにあたっては、貸付先の営業状態、資産等を精査するとともに、確実にして十分な担保を徴して貸付金の回収に万全の措置を講ずるなどの任務を有していたもの、被告人中村揚一は理美容室・ホテルの経営、不動産の管理・売買業等を目的とするソフィア株式会社、およびレジャー施設等の経営を目的とする株式会社タウナステルメ札幌の各代表取締役として、これらの会社の業務全般を統括掌理していたものであるが、（中略）

1．被告人山内及び同中村は共謀の上、平成6年4月26日から同年6月30日までの間、前後4回にわたり、拓銀本店において、ソフィア及び自己らの利益を図る目的をもって、被告人山内の任務に違背し、ソフィアに対し計4億5０００万円を貸し付け、もって、拓銀に同額の財産上の損害を与え、

2．被告人山内は、平成6年4月8日から同年6月20日までの間、前後6回にわたり、拓銀本店において、ソフィアからホテル等を借り受けてこれを経営していた株式会社テルメインターナショナルホテルシステム及び自己らの利益を図る目的をもって、被告人山内の任務に違背し、ホテルシステムに対し計3億9千万円を貸し付け、もって、拓銀に同額の財産上の損害を与え、

3．被告人河谷及び同中村は、共謀の上、平成6年8月1日から同7年8月31日までの間、前後19回にわたり、拓銀本店において、ソフィア及び自己らの利益を図る目的をもっ

て、被告人河谷の任務に違背し、ソフィアに対し計22億1000万円を貸し付け、もって、拓銀に同額の財産上の損害を与え、

4．被告人河谷及び同中村は、共謀の上、平成6年10月31日から同9年6月20日までの間、前後22回にわたり、拓銀本店において、タウナステルメ及び自己らの利益を図る目的をもって、被告人河谷の任務に違背し、タウナステルメに対し計20億3250万円を貸し付け、もって、拓銀に同額の財産上の損害を与え、

5．被告人河谷は、平成6年7月8日から同9年10月13日までの間、前後47回にわたり、拓銀本店において、ホテルシステム及び自己らの利益を図る目的をもって、被告人河谷の任務に違背し、ホテルシステムに対し計34億8900万円を貸し付け、もって、拓銀に同額の財産上の損害を与えたものである」

全体の融資を考えるのがバンカー

検察側の主張に対し、私は改めて起訴事実を否認して無罪を主張しました。

「テルメグループの資産状態は悪く、十分な担保を取らずに融資したのは事実。個々の融資について、任務違背があり、これが特別背任罪にあたると言われるのであれば、争う気

持ちはない。ただ、当時、前任者らのずさんな融資によるカブトデコムの不良債権問題が表面化していて、抜き差しならない状態に追い込まれていた。テルメグループを倒産させれば、拓銀の信用失墜は必至だった。個々の融資に意味があるのではなく、テルメグループ全体への融資を考えることに意味がある。それがバンカーの見方、やり方だ」

山内被告も次のように述べて無罪を主張しました。

「当時、拓銀からの資金支援がなければ、テルメグループの事業継続は困難だった。同グループが倒産すれば、拓銀の損害も極めて大きくなり、拓銀の信用失墜を招く恐れもあった。主力行としての社会的責任を果たす必要もあり、同グループの経営再建を図りながら、必要最小限の融資を継続すべきだと判断した。過去の貸付金をできるだけ多く、回収したかったからだ。拓銀のため、最も妥当な判断だった」

中村揚一被告も次のように述べて無罪を主張しました。

「山内、河谷両被告と共謀した事実はない。融資はもちろん返済するつもりだったし、拓銀は会社の長期的な再建計画を理解して、融資してくれたのだと思う」

初公判の2週間後、ようやく仮釈放が認められて自宅に戻りました。未決勾留期間は約

150日間にのぼりました。同じ年に証券取引法違反の罪で起訴された日本長期信用銀行の元頭取らが、起訴後約1週間で保釈されたのに比べると、長い勾留になりました。

公判はその後、月2回のペースで進んでいきます。

本当の責任は別のところにある

同じ年の10月から12月にかけては、拓銀の破綻後に頭取代行を務めた鷲田秀光氏の証人尋問がありました。彼はソフィアグループへの追加融資当時、融資審査担当部長でしたので、その経緯を熟知していました。

検察側の尋問で鷲田氏は、ソフィアグループの件で茨戸地区の総合開発の用地取得資金を融資する際、虚偽の融資理由を書いた書類をつくっていたことについて「書類の内容はウソですね」と問われて、「取り繕った世界です」と発言しました。

また、鷲田氏は当時、テルメグループの経営実態を調査したところ、ほとんど実質破産状態にあり、追加融資は拓銀の損害につながると認識。その後、ソフィアを分社化して段階的に処理しながら、当面の融資を継続する案を経営会議にかけたが、山内頭取が「中村社長が納得しない」と判断して、何の手段も講じないまま融資継続だけが決まったと説明しました。

その一方で、鷲田氏は弁護側による反対尋問で、私と山内氏について「両頭取はそれより前の経営陣が増大させた不良債権処理の後始末をしただけ。自己保身や銀行に損害を与える意図で融資を続けたのではない」とも述べて、検察側が主張する「自己保身目的」について、否定的な見方を示しました。「本当の責任は別のところにある」とも述べています。

私は、ソフィアグループへの追加融資の理由を尋ねられると、検事の取り調べでも、公判でも、決まって次のように述べました。

「すでに10万人という兵隊を戦場に送ってしまっている。黙っていると、全滅する。だから、何とか10万の兵の一部でも助けるため、1万人の援軍を送った。つまり、追加融資は先に送った兵隊の何割かを救うための兵站だった。こうしたことはどの銀行もやっています。もしこれで戦死者が出たから罪だというのであれば、日本中の銀行員が罪人になる」

前例のないバブル経済の崩壊で、当時の日本企業の経営は日に日に厳しさを増していました。その過程において、銀行ができることは、できるだけ損害を小さくするために、援軍を送ってでも、企業を生かしておくということでした。

こうしたことは、どの銀行もやっていたことです。

同じく被告となった山内氏は毎回、どんなことを話すのか気にはしていました。ただ、公判で話すのは事件の「核心」ではなく、その周辺をぐるぐる回ってばかりいるような話ばかりだったので、あまり記憶に残っていません。

2000年には、私たちと同じく逮捕されたものの、起訴猶予となった広瀬恭平元常務の証人尋問も行われました。

広瀬氏は、「検察官作成の調書では、私が『山内、河谷被告らは自己の利益のために融資を続けた』と供述したことになっているが、これは、検察官に威嚇的な態度をとられたことや、自分に情状酌量の余地があると言われ、本心とは違うことを話して調書に署名した結果だ」と暴露しました。

さらに広瀬氏は、「自分が（署名をすれば）『拘置所から出してくれるんですね』と検察官に尋ねると、『心配しなくていい。当初の方針は変わっていない。私だって良心がある』と答えた」とも証言しました。

これらの、「司法取引」をにおわせる証言によって、法廷は一時混乱しました。

他人の犯罪を明かして自らの刑罰を軽くしてもらう司法取引は、2016年5月に成立した刑事司法改革関連法に盛り込まれました。

会社ぐるみの経済犯罪や振り込め詐欺などの組織犯罪で、部下らの供述などをもとに上層部の関与を解明するのが狙いです。ただ、現場に導入されたのは2018年6月からで、拓銀訴訟の時はまだ認められていませんでした。

司法取引は、捜査当局にとっては強力な武器であり、日産自動車のカルロス・ゴーン会長が金融商品取引法違反や特別背任の疑いで逮捕・起訴された事件にも適用されました。

しかし、ウソの供述で無実の人を冤罪に巻き込む危険性があることを忘れてはならないと思います。

救済融資ではなく壮大な撤退作戦

2001年9月、私に対する被告人質問が始まりました。

弁護人「1993年7月の経営会議で、ソフィアグループの分離・再編案が提示され、グループへの融資方針が転換した。何がきっかけだったのか」

私「総合開発部から審査第一部に所管が代わり、全面的に見直したためだった」

弁護人「その経営会議の前に、審査第一部長から、融資を止めると、すぐに倒産するという説明はあったのか」

私「説明はあったと思う。当時はバブルが崩壊し、カブトデコムなどは放置すると破綻し、大きな影響が出る恐れがあった。ソフトランディングさせて影響を小さくするため、ソフィアの総合的な金融支援策を策定するのがベストだった。それで経営会議では、再度練り直して付議するよう発言した」

弁護人「融資を止めるという意見はあったか」

私「当時は不良債権ではなく、問題債権と認識されていた。一気に破綻させれば、拓銀の損害は多大になる。それは愚の骨頂で、どんな銀行でもそれはしない」

弁護人「1993年7月と95年1月の経営会議では、ソフィアが札幌市北区で進めていたリゾート開発を巡る農地法違反疑惑の問題が出ているが、どう認識していたのか」

私「経営会議の資料には『スキャンダルになる』と書いてあった。しかし、誰が困るのかさえ明確でなく、漠然とした恐れに過ぎなかった。大きなリスクは回収ロス（回収にともなう損失）で、農地法の関係はどうでもいい問題と思っていた。また、この問題は既に報道されていたし、マスコミにはカブトデコム問題などで散々書かれており、慣れっこになっていた」

弁護人「融資を継続することで、最終的にはどれくらいの回収増になると考えていたのか」

私「合計で約270億円と見積もっていた」
弁護人「検察側は、融資を継続したのは、頭取としての地位を守るためとしているが」
私「そういう考えはまったくなかった。山内前頭取、鈴木元頭取らにも経営上のけじめをつけてもらうため、会長職などを辞めてもらった。私自身も頭取を2年弱務めた96年5月頃、役員らに『もう辞めさせてくれ』と言ったが、『敵前逃亡』と認めてくれなかった。私の力には余るため、『辞めろ』と言われれば、喜んで辞めた」
弁護人「ソフィアグループへの融資は救済融資に該当するのか」
私「救済融資にはあたらない。1994年6月に頭取に就任した際、同グループへの融資残高は600億円を超えていた。拓銀の損害をどれだけ少なくできるかが課題で、壮大な撤退作戦と認識した。指揮官である頭取が回収を諦めてしまえば、500億円以上が戻ってこない。全額回収は望めなかったが、できるだけ多く回収するために融資を続けることが必要だった」

調書は100%検事の作文

私はいよいよ検察の捜査手法を批判します。

弁護人「検事の取り調べでやりとりしたことを元に検事調書が作成されたのか」

私「私の面前で、私が供述したことが書かれたことは1回もない。取調室に入ると、たいていは既に調書ができあがっていた。こんなものが取り調べなのかと思った」

弁護人「調書に書かれていることと、自分の認識が違う点を検事に指摘したのか」

私「当然したが、異議は採り上げられなかった。調書は100%が検事の作文。一定のストーリーに基づいて、しゃにむに当てはめるやり方だ。調書の最後は決まり文句のように『頭取としての地位を守るために融資を続けた』となっていた。これでは下手な落語と同じだ」

弁護人「特別背任の犯意を認める内容の調書にも署名しているが、なぜ拒否しなかったのか」

私「何を言っても私の言い分はまったく聞き入れられなかった。署名を拒否しにくい雰囲気があったし、体調もよくなかった。検事は取り調べの最後に、私の主張をまとめた調書をつくるので納得してくれと言ったが、結局、そういう機会はなかった」

弁護人「体調が優れないなかで、検事に言い分を主張し続けられなかったのか」

私「拓銀の破綻自体には責任を感じており、仮に破綻罪があれば、認めると言ったら、検事にそんな罪はないと言われた。国策で起訴するのは、既定路線だと思った。大きな権力の前に無力感を感じて抵抗するのもばかばかしくなったため、署名してしまった」。

２００1年10月11日の公判では、検察官が私に質問を投げかけてきました。

検察官「すでに１９９2年の日銀考査で、ソフィアグループが札幌市北区で手がけていたリゾート開発の実現性に疑問が提示されているが」

私「日銀は問題があると判断すれば、指摘する。いくつもある指摘の一つで重視しなかったが、初めて同グループの不良債権の実態が明らかになり、びっくりした記憶はある」

検察官「取り調べた検事に『93年4月段階で、ソフィアグループが倒産状態にあり、追加融資が回収できないとわかっていた』と供述したのではないか」

私「当時はグループの担当ではなく、経営実態がわかるはずがない」

検察官「拓銀以外にソフィアグループに融資する民間金融機関はあったのか」

私「日本長期信用銀行ぐらいだったのでは」

検察官「ソフィアグループの中村揚一社長が、リゾート開発にからむ農地法違反疑惑やずさん融資を表面化させたくないという拓銀の弱みにつけ込み、融資を申し入れたのでは」

私「そういう認識はまったくなかった。もしそうなら融資は打ち切っていた」

検察官「問題のある融資先へ追加融資が許される基準はあるか」

私「基準はなく、ケース・バイ・ケースだ」

検察官「回収に疑念のあるソフィアグループに対してなぜ追加融資したのか」

私「将来的な回収増を図るためだった」

検察官「1994年9月、ソフィアグループへ無担保で融資したが、直前の大蔵省の金融検査では、回収に重大な懸念のある第三分類債権とされ、検査官から『倒産すれば、背任にあたる』と指摘されている」

私「ソフィアグループは、多数の取引先の一つに過ぎず、(その指摘は)当時は知らなかった」

検察官「ソフィアグループ以外に、第三分類の融資先に追加融資したことはあるか。あるとすれば、許される融資か」

私「私の経験ではない。好ましくない融資といえるが、経営判断で融資することはあり得る。機械的に背任と判断すべきではない」

2001年10月22日の公判では、再び弁護人の質問に答えました。

弁護人「拓銀がインキュベーター路線に基づいて融資した三十数社のうち、融資を打ち切った企業は」

私「カブトデコムなどです」
弁護人「カブトデコムが融資打ち切りになり、ソフィアグループが融資継続となったのはなぜか」
私「カブトはいろいろな手を講じても、将来的に回収増を図れる可能性はなく、倒産させて早期に損失を確定させることが銀行にとってプラスだった。一方、ソフィアグループはリゾート開発用地やホテル、レジャー施設などの資産があり、やり方によっては回収増が期待できた。銀行として努力する余地と必要があり、その点が決定的に違った」
弁護人「ソフィアグループの分社化が95年に遅れたのは、ソフィアグループへの融資が不良債権とまで言えないためだったのか」
私「その通り。94年の大蔵省の金融検査で不良債権と分類された結果、行内で共通認識となった。それまでは所管部が処理するという気にはならなかった」
弁護人「被告人はソフィアグループへの融資に問題意識を持ったのは、最初に分社化を提案した93年7月以降としている。当時はカブトデコムが最大の案件で、ソフィアグループの問題ははるかに小さかったのか」
私「カブトデコムを10とすれば、ソフィアグループは2～3ぐらいだった」
弁護人「ソフィアグループより優先すべき課題は何だったのか」

私「拓銀の関連会社の不良債権が深刻だった。関連ノンバンクのエスコリースの処理問題もまだ完全に終わっていなかった」
弁護人「94年6月に頭取に就任したが、当時の懸案は何だったか」
私「カブトデコムは94年3月期決算で数百億円を償却したが、まだ周辺の処理が残っていた。エスコリースもまだ処理が残っていた。関連会社のたくぎん抵当証券やたくぎんファイナンスサービスの不良債権のほか、道内、本州を問わず、すぐ処理すべき企業がたくさんあった」
弁護人「その中でソフィアグループの重要性は」
私「先ほど挙げた企業が次の決算期で処理する必要があったのに比べて、ソフィアグループは損失を極小化できる可能性があり、すぐに処理するよう迫られてはいなかった」

この日は、小池勝雅裁判長による質問もありました。

裁判長「特別背任の犯意を認める検察調書に署名した理由について、被告人は、①雰囲気に拒否できなかった、②国策に基づく捜査で抵抗してもしょうがないと思った、③拓銀破綻の結果責任があり、認めざるを得なかった、④検事が『最後に河谷被告の言い分を検事調書にする』と言った、と説明しているが、どれがおもな理由なのか」

私「②国策に基づく捜査で抵抗してもしょうがないと思ったと、③拓銀破綻の結果責任があり、認めざるを得なかった、です。結果的に意に反した調書に署名してしまったが、そういう状況に置かれた人でないと理解できないと思う」

山内被告、中村被告ともに検察の強引な捜査を批判

検察の取り調べに対する批判をしたのは、私だけではなく、山内宏、中村揚一の両被告も同じです。それぞれ法廷の場で、その強引さを批判しました。

たとえば、2001年6月11日の被告人質問で、山内氏はこう語っています。

弁護人「供述調書では、経営会議について詳しく述べているが、どの程度の記憶があったのか」

山内「調書はやりとりの範囲を超えて、検事が作文して『署名しろ』と言われた。私の認識と調書の中身はまったく違う」

同年6月25日の公判では、こんなやりとりもありました。

弁護人「1999年3月の逮捕後、地検での取り調べはどうだったか」

山内「調書の作成方法に疑問がある。私が話していないことが調書に書かれていたほか、

あらかじめ作成されていた調書に署名を求められたこともある。検事の態度は威嚇的で、調書の修正を要求しても言うことを聞いてくれず、早く取調室から出たいという思いから署名に応じてしまった調書が多い」

さらに2001年7月2日の公判でも、こんなやりとりがありました。

弁護人「供述調書の作成状況について聞く。1999年3月9日付調書は、検察官が山内被告の面前で作成したものか」

山内「いいえ。すでにできあがっていたものに署名を求められた」

弁護人「ソフィアグループ各社に対して、融資の安全性の原則に注意を払わず、ずさんな融資を行ったなどとする調書について、どうして署名したのか」

山内「すぐに署名はしなかった。私の面前で作成することを求めたが、聞き入れられなかった。検察官は字句の修正はするが、内容の修正には応じてくれなかった。置かれた環境が異常で、怒声や罵声を浴びせられる威圧的な雰囲気だった。そういう状況に置かれた人でないとわからないが、高血圧で体調が悪いこともあり、早く部屋から出たくて、抵抗力がなくなり、署名してしまった。悔いが残る結果になった」

弁護人「調書に署名を求められ、実際に署名するまでどれぐらいの時間があったのか」

山内「30分から4時間」

弁護人「納得して署名したのか」

山内「納得していない。署名しないと帰れないと思った。別の機会に異議申し立てできると思った」

弁護人「3月16日の調書は、ソフィアグループへの融資について、責任追及を恐れたためとして、すっかり自白する内容になっているが」

山内「大激論した調書で、検察官の作文だ。内容修正ではダメで、刑事訴訟法に基づき、私の主張を追記するよう強く求めたが、検察官に『そんな調書、作れるか』と言われた」

弁護人「やむなく署名したのか」

山内「内容は極めて不満だが、気力がなく応じてしまった」

弁護人「署名しなかった調書はあるのか」

山内「4通ある」

弁護人「検察官はないと言っているが」

山内「株主代表訴訟などによる経営責任追及を避けるため、保身のために融資を継続したという内容の調書。ないはずはない」

小池裁判長「なぜ4通のみ署名しなかったのか」

山内「その4通は、署名したほかの調書に比べ、はっきり保身のための融資と書かれていて、耐えられない内容だったため」

ソフィアグループ創業者の中村揚一被告も、11月19日の公判でこう語りました。

弁護人「検察側は、リゾート開発をめぐる農地法違反疑惑などのスキャンダルを明るみに出さないために融資を継続したと主張しているが」

中村「用地確保は札幌市と打ち合わせたうえで行っており、農地法違反にあたるとは思ってもいなかった」

弁護人「検察側は、中村被告が山内被告、河谷被告と共謀したと主張しているが」

中村「2人と会って融資の相談をしたことはない」

弁護人「被告の調書には『グループは実質的に破綻していて、融資返済の見込みはなかった』『拓銀の損失を拡大させることを認識していた』などと記載されている。公判の供述と大きく食い違っているのはなぜか」

中村「調書には私が言っていないことが書かれている。取り調べでは、あらかじめストーリーができており、それに沿って調書が作成された。私の言い分は法廷でしかわかってもらえないという諦めの気持ちになり、署名してしまった」

中村被告は逮捕直後に、特別背任の容疑を認める内容の供述調書をとられていましたが、12月17日の公判で「犯意」について否定しました。

弁護人「1999年3月2日に逮捕された直後と、送検された直後に容疑者の言い分を聞く弁解録取書を作成した際、警察官や検察官は逮捕容疑をきちんと読み聞かせたのか」

中村「読み聞かせを受けたうえで、『間違いない』と供述した。しかし、逮捕容疑の内容は理解できなかった。融資金を返済していないことが指摘されていたため、認めてしまった」

弁護人「逮捕容疑である商法の特別背任について、説明はあったのか」

中村「警察官が『借りた金を返さないと特別背任になる』と言ったので、よくわからないまま、カネを返していないのが犯罪になると思った。融資金を返済していなかったため、拓銀に対して責任を感じていたことも影響している」

弁護人「逮捕状には『山内、河谷、元常務の3容疑者と共謀し、3人の利益を図る目的で貸し付けを受け、拓銀に損害を与えた』とある。共謀の説明は受けたのか」

中村「なかった。頭取は融資の最終決裁権者だったので、犯罪にあたると思った」

弁護人「拓銀役員の利益を図る目的についてはどうか。警察官や検察官から具体的な説明は受けたのか」

中村「説明はなく、わからなかった。融資を受けたことと返済していないことは事実で、迷惑をかけて申し訳ないと思い、認める供述をしてしまった」

取り調べた検察官が証人として出廷

私は、特別背任罪の構成要件である、自己または第三者の利益を図ることについて否認していましたが、検事の取り調べでは認めるような内容の調書が作成されました。法廷で弁護側は「調書は、被告人の意思に反して作成されたものであり、証拠能力はない」として、調書の任意性・信用性が大きな争点となっていました。

そこで行われたのが、翌2002年1月の私を取り調べた検事の証人出廷でした。

まずは、検察官の質問が行われました。

検察官「供述調書は河谷被告の面前で作成したのか」

証人「弁解録取書は面前でつくったが、ほかの供述調書はそうではない」

検察官「なぜ面前で作成しなかったのか」

証人「取り調べ時間をなるべく多くするためだ。また、主任検事に対して、事前に調書の内容を報告する必要もあった」

検察官「河谷被告は公判で、調書には自分の話したことは書かれておらず、『検事の作文』と主張しているが」

証人「そのような事実はない。河谷被告の供述しないことを調書に記したことはない。取り調べは良好な人間関係のもとで行われ、最後には被告から握手を求められた。公判で調書の任意性が問題にされるとは予想もしていなかった」

検察官「河谷被告は『破綻罪があるならば認める』とも言っている。特別背任容疑には納得がいかなかったのではないか」

証人「そうではない。破綻罪があるなら最もあてはまると思った、ということだ」

次いで、弁護人からの質問がありました。

弁護人「逮捕・送検直後の弁解録取書で容疑を否認していた河谷被告が、その2日後の検事調書で自白に転じたのはなぜか」

証人「これというきっかけはないが、経営会議議事録などをもとに、ソフィアグループへ融資を継続した理由を尋ねたら、自白が得られた」

両者のやりとりの後、小池裁判長の質問もありました。

裁判長「重要な部分で河谷被告が自白に転じた際、その場で調書を作成しようとは思わなかったのか」

証人「その時は多分、時間がありませんでした」

裁判長「河谷被告はどのような脈絡で破綻罪の話を持ち出してきたのか」

証人「河谷被告の方から突然言い出しました」

裁判長「被告が特別背任を認めているなら、なぜ破綻罪の話を持ち出したのかわからない」

証人「河谷被告は、破綻罪が一番ぴったりくるという意味からそう言ったのだと思う」

調書の任意性や信用性を巡る問題は、私の調書だけではありませんでした。

私、山内、中村の3被告と同時に逮捕された広瀬恭平元常務の調書です。彼はテルメの融資担当でしたが、逮捕されたものの、その後、処分保留のまま釈放になっています。

広瀬元常務の自白調書には、「河谷と山内が、自己などの利益を図る目的でずさんな融資を続けた」とありました。

これについて山内被告の弁護人だった、和田丈夫弁護士が「調書に署名すれば、起訴しないという利益誘導が行われた。違法な取り調べだ」と主張したのです。

和田弁護士は広瀬元常務の弁護人だった際、送検直後、取り調べ担当検事に呼ばれて札幌地検に行き、事件の主任検事から「両頭取の犯意認識に関する調書に署名すれば、元常務の刑事処分については考慮する」と言われたというのです。

公判では、私たち被告の「犯意」の有無は大きな争点になりました。検察側は当初から犯意の立証に向けた工作をしていたのでしょう。

広瀬氏は私の北大の3年後輩で、気の弱い人でした。逮捕されて検察官の取り調べを受けるような環境に置かれたら、気の弱い人は検察官の言うままになってしまうのは仕方がありません。だから、私は広瀬氏を責めようとは思いません。

彼は、海道常務らが牛耳っていた総合開発部の担当部長でもありました。前述の通り、私がカブトデコムの後始末に関わったのも、彼の頼みを受けてのものでした。

最終弁論で私は「特に申し上げることはございません。被告人質問で言いたいことは十分言った。結果はともかく、公正な判断をお願いしたい」と話しました。

そして、02年の論告求刑を経て、03年2月の札幌地裁判決で私を含む3人の被告が無罪となったのは前述した通りです。その後、2審では逆転有罪となってしまいましたが、「公平な判断」をしてくださった一審の小池勝雅裁判長には、今でも感謝しています。

第9章

バブルとは何だったのか

犯罪となるようなことはしていない

「本当に不良債権をつくった人たちは、大半はもう辞めているし、刑事事件としても時効にかかっているわけです。最後に、もうどうにもならなくなったときに、リリーフピッチャーとして登板して懸命に努力した人が結果責任を問われるという、理不尽なことになったんですね」

元東京地検検事の郷原信郎氏は、著書『銀行問題の核心』でこう述べています。

私は、エスコリースやカブトデコムといった拓銀のバブル関連の不良債権の後始末役を担いました。そして「最後の頭取」として、拓銀の幕を下ろす役までも担いました。

高齢にもかかわらず服役したのは、拓銀最後の頭取として、「スケープゴート」としての運命を背負ったからです。今でも自分は「無実」だと思っています。

拓銀破綻後、マスコミなどから何度も取材の申し込みがありましたが、私はすべて断ってきました。そもそも刑事・民事の裁判が続いていた時、取材に応じることは憚《はばか》られました。何か言ったとしても、単なる保身か、責任逃れの言い訳だと受け止められる可能性も高かった。その発言が逆に、過去の経営陣や拓銀のずさんな経営を糾弾するための材料に使われてしまう恐れもありました。

できれば、忘れてしまいたいという気持ちすらありました。それは拓銀に限らず、破綻した金融機関の経営者に共通する思いではないでしょうか。

64歳で逮捕されて74歳で有罪が確定するまでの10年間、私の生活はただただ「国策捜査」や「国策裁判」への対応に費やされました。知人や友人からの連絡も途絶えがちになりました。それでも、私は決して「犯罪となるようなことはしていない」という信念を持っていたので、淡々と夫婦2人の生活を送っていました。


この10年間は、ちょうど銀行業界の大変革期でもありました。大手銀行は公的資金の注入を受けて不良債権を処理しましたが、その後も大規模な再編が進みました。

私は、マスコミ報道などで業界再編の動きを知るたび、「どの大手行も程度の差はあれど、バブルで財務が傷ついていた。ゆくゆくは、どこかと一緒になるしか生き残り策はなかった」と思いました。

結局、公的資金を投入された多くの銀行は破綻には至りませんでしたが、再編という道を選ばざるを得なかった。まさにバブルの崩壊が、銀行業界に与えた傷痕の深さを物語っていると思います。

バブルの崩壊は、日本経済全体に多大な影響を及ぼしましたが、その負の影響を最も受けたのが、銀行業界だったのではないか、と思います。

私が考える5人の「A級戦犯」

拓銀破綻から20年が過ぎ、多くの関係者が鬼籍に入りました。

この「事件」がやっと「歴史」になるなかで、次第に私なりの考えを記しておきたいと考えるようになりました。

なぜ拓銀は破綻してしまったのか。その責任は一体、誰にあったのか。

第二次大戦後、連合国軍は大戦における日本の指導者たちを「戦争犯罪人」として裁きました。極東国際軍事裁判、いわゆる東京裁判です。

その公平性を巡っては、今も「勝者の裁き」との批判もありますが、国民に「あの戦争とは何だったのか」を納得してもらうために必要なプロセスだったと思います。

これと同じように、「拓銀破綻とは何だったのか」を多くの人に知ってもらいたい。仮に、私が東京裁判の裁判長のような立場になれるのならば、〝拓銀破綻のA級戦犯〟として挙げるのは、次の5人になります。

1人目は、山内宏元会長（故人・取締役の就任時期は、1977年12月～95年6月）です。彼は〝不作為の罪〟です。頭取時代、不良債権の膨張を防ぐ手立てを何もしなかった。公判以降は、まったく連絡も取り合っていませんでした。私が仮釈放された約4カ月後、亡くなったことを新聞記事で知りました。彼は私と同じく懲役2年6カ月の有罪判決を受けながら、健康状態が考慮されて刑の執行停止になっていました。

彼の死を知った時、私は「死の床についているよりは、刑務所暮らしのほうが天国だった」と思いました。

2人目は、佐藤安彦元副頭取（1981年6月～93年6月）です。彼は前述した通り、のちに巨額の不良債権を生むインキュベーター路線の80年代の推進役でした。私から見れば、自分の意見に沿うものだけを優遇し、反抗するものを左遷する不公正な人事を行ったと思います。

その結果、行内では物言えぬ空気が広がり、融資のチェック機能の形骸化を招きました。佐藤氏は若い頃は部下の扱い方にも情があって、侠気があるよい上司でした。ところが、昇格するにつれて性格が変わっていきました。

組織には出世すればするほど変わる人と、出世しても変わらない人がいます。佐藤氏は前者の典型でした。のちには顔つきまで変わってしまい、人間というのはこんなに変わるものか、怖いものだと感じたほどでした。

3人目は、海道弘司元常務取締役（故人・1986年6月〜92年6月）です。総合開発部担当として、カブトデコムやソフィアグループなどに直接手を下して、不良債権を増やしました。

海道氏は北大の同窓であり、同期入行でした。父親の海道俊夫氏は、私が入行して最初の配属先となった札幌南支店の支店長で、結婚式の仲人までやってもらいました。あのお父さんのような豪放磊落さが、彼にもあればよかったと思います。

同じ時期に常務取締役になり、机を並べたこともありましたが、結局は最後まで彼とは親しくなることはありませんでした。

4人目は、秋田甫《はじめ》元常務取締役（1985年6月〜90年6月）です。彼は「バブルの申し子」のような男でした。私の個人的な意見ですが、自分勝手に動き回ったと言われても仕方がない振る舞いで、いいかげんな不動産関連融資をとりまとめ、のちに多額の不良債権となりました。

彼は東京業務本部長でしたので、私が東京で取締役をしていたときの上司にあたります。審査も営業もみる本部長としての権限を、悪い意味で活用したといえます。

1991年から93年まで雪印乳業の監査役を務めていましたが、不良債権の責任をとって辞めてもらいました。その後、どうなったのかは知りません。

5人目は、たくぎん抵当証券の村瀬徹元社長（故人）です。彼は拓銀本体では取締役を経験していません。融資審査の経験が長く、堅くてしっかりした人物として、84年に子会社の抵当証券を設立した時から社長に送り込まれた人物です。

しかし、彼は豹変してしまった。私も彼の審査管理部長時代の仕事ぶりなどをみて「拓銀一の堅い人」と信頼していただけに、バブルが人間をこんなにも変えてしまうのかということを痛感させられました。

ある時、彼が銀行に来て、こう語っていたことを憶えています。「拓銀には宝物が二つある。一つはコンピューターシステム。もう一つはたくぎん抵当証券だ」と。その宝物が最大の不良債権の巣窟となっていたわけですから、笑うに笑えない話です。

バブル期の拡大路線を支えた鈴木茂元会長（1966年5月〜95年6月）がA級戦犯に

入っていないのを、不思議に思う人がいるかもしれません。佐藤、海道の両氏とともに「SSKトリオ」と呼ばれていた彼ですが、私は、破綻の「遠因」をつくったにすぎないと認識しています。

先の5人が絞首刑とするのであれば、鈴木氏は無期禁錮程度だと思います。

今はバブルではない

1980年代のバブルが崩壊して以降も、日本では「ITバブル」など小さなバブルが起きました。資本主義社会には景気の波があり、そのふれ幅は大きかったり、小さかったりします。

その波の高さが実体経済から乖離するのが「バブル」だとすると、「ミニバブル」や「プチバブル」のようなものが起きることは、構造的に避けられないでしょう。

今は日本銀行の異次元緩和によるカネ余り現象で、80年代のような本格的なバブル経済ではないかという指摘もあります。しかし、私は今の経済情勢が、本格的なバブルだとは思いません。

80年代は、まさに国全体が踊った時代です。株、土地、ゴルフ会員権……。個人も企業も、右肩上がりで価格が上がり続ける「神話」を信じて、積極的にカネを借り、モノを買った。会社員の給料や賞与も毎年増えましたが、今はそうではありません。

日本銀行の超低金利政策で円安ドル高が進み、日銀や公的年金マネーによる株式購入で株価も上がっていますが、儲かっているのは一部の企業だけです。大半の国民には恩恵がありません。むしろ、財布のひもを締めているのが現実です。本当にこれでいいのでしょうか。

日銀は「物価の番人」と言われます。それなのに今は、黒田東彦総裁のもとで、できもしない物価目標を掲げ、株や不動産の投資信託まで買い、物価を無理やり上げようとアクセルばかり踏んでいます。株や不動産を買うのは、本来、日銀がやることではないと思います。この異次元緩和を5年以上も続けてきたにもかかわらず、物価目標は実現できていない。そもそも、株価が上がれば国民全員が幸せになれるというわけではないと思います。

この金融政策が果たして間違っていたかどうかは、歴史が判断することですが、やはり金融政策は国民に与える影響が極めて大きい。だからこそ、いたずらに市場に介入するのは避けたほうがいいと思います。

日銀は、あのバブルの教訓をすっかり忘れてしまったかのように、私には見えます。

日銀は91年、市場に出回る資金量を調節する手段である「窓口指導」を廃止しました。四半期ごとに各銀行の貸し出し増加額に枠をはめて、過剰融資に走らないようブレーキをかけていました。

公定歩合と並ぶ金融調節の両輪でしたが、バブル期の85～87年には、逆に「アクセル役」になってしまったことは前述した通りです。

91年に日銀が指導を廃止した背景には、「融資量に偏った競争から収益率を重視する方向に銀行経営者の意識が変わりつつある」「不動産融資には総量規制がかけられたため、放置しても貸し出しは大きく伸びない」という判断がありました。

しかし、貸し出しの現場の意識はさほど変わっていませんでした。不動産関連融資も、関連会社などを通じて膨らんでいきました。

結局、この時期に窓口指導を廃止したことはかえって、多くの銀行が過剰融資にのめり込み、バブルに拍車をかけることにつながったのです。

超高齢化社会に必要な金融商品とは

拓銀の破綻は、バブル経済に踊らされた末の悲劇でした。

バブルから私が学んだ教訓は、「みんなで踊らないこと」の大切さです。

1980年代後半から90年代前半にかけて、国民は土地や株が下がらないという「神話」を信じて踊り続けた。そのことが、日本経済に「第2の敗戦」と言われるほどの大打撃を与える結果となりました。

土地で1000兆円、株で500兆円とも試算される資産の喪失でした。バブルのピーク時につけた4万円近い水準まで日経平均株価が達することは、極度なインフレでも起こらない限りないでしょう。

バブルに誘われて株や不動産取引に参加した国民には、今なおバブル崩壊で痛い目にあった記憶が残っています。

「株式投資は割に合わないもの」という意識を国民に植え付けてしまったとの批判もありますが、そのおかげで、今は日本の経済社会が極端に一方向へと向かうことは少なくなっているのではないでしょうか。これは、とてもよいことだと思います。

もう一つ学んだのは、「関係会社は時に暴走する」ということです。

拓銀の場合は、たくぎん抵当証券やエスコリースといった関連会社が致命傷になって破綻しました。

東芝の海外の関連会社で巨額損失が発生するなど、経済のグローバル化でグループ会社が増えている分、経営者のコントロールはいっそう難しくなっているようにみえます。

関連会社も本社も互いに企業体ですから、その中身を親会社が全部チェックするのは到底無理です。親会社としては、信頼のおける人を役員や幹部に送り込んで、しっかりやってもらうしかありませんが、それには限界があります。

どうやって関連会社を管理していくかは、銀行に限らず、これからの日本企業の最大の課題だと思います。


高度成長期やバブル期に、国民はマイホームやクルマなど消費財にどんどんお金を使いました。しかし、これからの日本は人口減少と少子高齢化が進み、年齢構成は上がり続けます。

年金生活者が増えれば、10年先に儲かる金融商品でも手を出さないし、ローンもあまり組みません。本人にとっては不利益になるケースが多いにもかかわらず、毎月分配型の投資信託が高齢者に受けているのは、「10年先よりも今」という切実な実感があるからです。

高齢化の加速を考えれば、投資リスクを無理に個人に負わせるべきではありません。年をとれば、判断力も鈍ってきます。預貯金の金利は上がることが、何よりも高齢者にはありがたい。

日銀は、異例の超低金利政策を早く終えて、民間銀行が預貯金の金利を上げられる環境にすることが求められていると思います。かつて速水優《はやみまさる》日銀総裁は、当時のゼロ金利政策にからんで「高齢者は貯蓄が多いから早めに金利を上げなくてはいけない」とよく話していましたが、私もそれに近い感覚です。

もともと日本人は貯蓄性向が高かった。バブルという異常な時代が、その傾向を壊してしまっただけです。再び投資から貯蓄にカネの流れが戻ってくるでしょう。

雪印乳業と拓銀

北海道民はよく「商売が下手」と言われます。本州とは違う、北の広大な大地に育まれた、おおらかさからくると言われます。よく言えば、ゆったりした気質。悪く言えば、してはいけないことも平気でやってしまう。

それが悪い形で出てしまったのが、雪印乳業だったと思います。1925（大正14）年、道内の酪農家629人が共同出資してつくられた販売組合が前身の名門乳業メーカーでした。拓銀はメーンバンクで、同社に歴代、監査役を送り込んでいたくらい親密な取引先でした。

その雪印乳業が、経営危機に見舞われたきっかけは、2000年6月の食中毒事件でした。大阪工場で製造された加工乳が原因で、1万4000人を超える被害者を出し、当時としては過去最大の食中毒事件となりました。

2002年には、グループ会社の雪印食品で牛肉偽装事件も発覚。自主再建は困難となり、事業ごとに外部と連携したり、譲渡したりといったところまで追い込まれました。最終的にはジャパンミルクネットと経営統合し、今では「雪印メグミルク」となっています。

2000年の食中毒事件では、記者会見後に「私は寝ていないんだ」と失言し、辞任に追い込まれた石川哲郎社長とは、彼が専務の時からの知り合いでした。

生産や技術部門ではなく、財務畑出身の手堅い方で、私とはウマも合いました。それだけに、あんな不本意な形で辞任したことには心が痛みました。

そんな雪印乳業と拓銀には、共通点があったと思います。ともに全国展開しながらも、北海道の企業としてのイメージが強かった。雪印の本社は東京・新宿にありましたが、当時はエリア事業本部制を敷いており、札幌にも本社機能を置いていました。

株主総会も札幌で開催していましたが、ちょうど食中毒事件が発生した時が総会の時期と重なり、発表と製品回収のタイミングが遅れる一因となってしまいました。情報が一元化されない危険性が具現化してしまったのです。

このことは、札幌勢と東京勢の根深い対立が、拓銀の破綻の一因となったこととも通じるものがあると感じます。

もともと北海道には「官依存」「お上頼み」の傾向が強かった。拓銀は大蔵省の天下り頭取がいなくなってからも、その体質が抜けきれずに破綻しました。

心のどこかに「いつかは国が助けてくれる」といった甘えの気持ちがまったくなかったとは言い切れません。「寄らば大樹の陰」の考え方とも言えます。

しかし、今やそんな甘えは通用しなくなりました。この20年間で、北海道を取り巻く環境が大きく変わったからです。

北海道開発庁は２００１年１月の中央省庁再編によって、国土交通省の北海道局に格下げされています。北海道と東北の産業振興のための資金を供給した政策金融機関「北海道東北開発公庫」は１９９９年に解散し、日本政策投資銀行の一部になりました。

そして、北海道の開発のために生まれた特殊銀行だった拓銀は破綻し、北洋銀行の一部となっています。

これからの北海道経済

北海道は、高齢化率や人口減少率が高く、まさに日本の縮図となっています。「地方創生」というかけ声のもとで、各自治体は知恵を絞っていますが、かつてのようなハコモノへの積極投資で町を活性化するというのは土台無理な話です。

北海道には、2007年に財政再建団体に指定された「夕張市」という悪しき前例があります。かつては石狩炭田の中心都市として栄えましたが、閉山にともなって人口が減少。バブル期に派手なハコモノ施設をつくって観光客を呼び込み、地域を活性化させようとしましたが、計画がずさんでした。

夕張市の指定金融機関だった拓銀は、市長らに「採算がとれないから無理です」と何度も積極投資にブレーキをかけました。しかし、拓銀の破綻から10年後、実質的な「自治体破綻」という形になってしまった。

これからの北海道経済は、どうすれば生き残ることができるのか。私なりの考え方を述べてみたいと思います。

まずは観光産業です。政府の外国人観光客増加の方針を受けて、観光庁が設置されるなど、観光業は日本の大きな産業になりつつあります。訪日外国人客（インバウンド）数は、２０１２年度に８３６万人だったのが、17年度には２８６９万人になりました。

政府は20年度には４０００万人を目指すという高い目標を立てています。また、これからの地方における観光は、観光客数よりも、観光消費総額を重視すべきだと言われます。訪日外国人客の消費額も12年度の１・１兆円が17年度には４・４兆円となっており、20年度には８兆円を見込んでいます。

北海道は20年度には、北海道にくる外国人観光客を５００万人とする目標を立てています。もともと観光業は北海道の基幹産業であり、そのポテンシャルはあると思います。

ニセコ連峰のパウダースノーを売りにして、豪州を中心とする世界のスキー客をターゲットにしたニセコ地区のやり方は一つの方策かもしれません。18年度の基準地価では、商業地の上昇率の全国トップは、ニセコ地区の倶知安町《くっちゃんちょう》でした。

最近は冬場だけでなく、夏場の観光客も増えているほか、客だけでなく、ホテルやカフェで働く従業員にも外国人が増えているといいます。ただ、北海道全体が観光だけに頼るのは危険だと思います。国際情勢が大きく変化すれば、すぐに外国人観光客は来なくなるリスクがあります。

2018年9月6日には、最大震度7という「北海道胆振《いぶり》東部地震」が起きました。私の自宅も震度6弱の揺れに見舞われ、食器棚に入れていた食器の3分の1が落ちて壊れました。

直後の道内全域の停電、いわゆる「ブラックアウト」の影響もあり、外国人観光客を中心に、宿泊予約のキャンセルが相次ぎました。観光業は、たとえ今は順調でも、未来永劫うまくいくとは保証できない。水商売的な要素がある点は否めません。

次に考えられるのは、やはり農業でしょう。もともと北海道の産業構造では農業の占める割合が非常に大きいです。

牛乳や乳製品の生産工場、製糖工場、製粉工場、食品製造業などが多い。また、農業生産を支える農業機械メーカーや、肥料・農薬メーカー、道外に農産物を届ける輸送業など、その裾野は広いです。

北海道のおいしい食材は、観光産業を支える目玉の一つでもあります。観光産業が成長していくためにも、農業の成長は欠かせません。経営の効率化や品質の向上だけでなく、2次加工などで付加価値を高めるとともに、輸出を増やしていくなど市場の拡大も目指すべきです。

第10章

旅の終わりに

刑務所で覚えた「般若心経」を毎朝唱える

毎朝、亡き妻・節子の仏前で、私は「般若心経」を読経しています。大乗仏教のエッセンスを262字に凝縮した、日本人に親しまれているこの仏典を唱えていると、心が落ち着いてくるのです。

私は般若心経を刑務所で覚えました。きっかけは雑居房で同室だった受刑者の教えでした。たくさんあった蔵書のなかに解説本があるのを見つけて興味を持ち、すぐに覚えたのです。

形あるものはない、世界を実体ではなく「縁起」という関係性でとらえる。一切の実体をもたない存在のありようを知ることを「仏の知恵」と呼び、認識論を徹底的に積み上げていくのが仏教です。

キリスト教やイスラム教のような神はいません。すべては「空」なのです。

般若心経には、本当に助けられました。私が刑務所で規則正しい健康的な生活を送っていた一方で、残された家族や親戚は、がんなど大病を患うことが相次ぎました。

刑務所にいる私には、何もすることができません。ひたすら獄中でお経を唱えて無事を祈念することぐらいしかできなかったのです。春や秋のお彼岸も、先祖の墓にお参りできない分、獄中でお経を唱えました。

週に2、3通は届いていた妻からの手紙が、たまたまタイミングが悪く、1週間途切れたことがありました。私は「妻の身に何か悪い事が起きたのではないか」と心配になり、土日の休みの日は、ひたすら獄中で般若心経を唱えたこともありました。

妻の二つの言葉

5歳年上だった節子が亡くなったのは、2017年5月9日でした。

普段通りの生活を送っていた晩、自宅の浴室で入浴中に大動脈解離で倒れ、そのまま亡くなってしまいました。あっけない突然の最期に、まったく実感が湧きませんでした。

119番通報して救急車を呼びましたが、苦しみもせず、眠っているような死に顔でした。生前、「病院に長く入院して迷惑をかけるのではなく、死ぬ時はコロッと逝きたい」と言っていましたから、その言葉通りの死に方でした。

私はあれをしてやりたかった、これをしてやりたかったと思い残すことは何もありません。素晴らしい女性と一緒に生きてこられて本当に幸せでした。

逮捕、裁判、収監……。妻には本当に言葉には尽くしがたい苦労をかけてしまいました。でも、彼女の明るく勝ち気な性格が私の人生をいつも明るく照らし、暗い気持ちを吹き飛ばしてくれました。

初めて会ったのは、私の初任支店だった札幌南支店でした。1960（昭和35）年、先に私が配属されていたこの支店に、彼女が転勤してきました。

当時の女性行員は、4～5年勤めたら結婚して寿退社するというのが一般的でした。妻は本部に長らく勤めていましたが、支店に転勤となりました。

当時としては珍しい転勤だったので、彼女は人事部長に直接、文句を言いに行ったそうです。そんな「女傑」との運命的な出会いでした。どちらが先に惹かれたのかについては、お互いの主張が異なり、結局、最後まで結論が出ませんでした。

「自分の信念に背き、上にへつらってまで出世する必要はないからね、子どももいないのだし、2人なら何とでもやっていけるんだから」

「外でどんなに偉くなっても威張るなよ。家に帰ってきたら、ただの人なんだからね。心得違いをするんでないよ。上にはへつらわないで、下の人を大事にするんだよ」

ことあるごとに、妻から言われたこの二つの言葉が、私の銀行員としての生き方に大いに影響を与えました。彼女が銀行員生活で多くの人を見てきたことから得た教訓だったのだと思います。

彼女が卒業したのは、道庁立札幌高等女学校で、私の卒業した札幌北高校の前身にあたります。年齢も5歳上で銀行員としても先輩だったので、あっという間に家庭内での主従関係ができあがりました。

妻が「女城主」で、私が「家来」。そんな関係が、結婚後56年間続くことになりました。

女城主と家来

振り返ってみると、私たち夫婦は夫婦げんかをしたことが一度もありませんでした。圧倒的な力の差がありすぎて、けんかにならなかったというのが本当のところです。たまに私が抵抗したこともありましたが、すぐにやり込められました。野球でいえば、5回コールド負けという情けない結果です。

妻は私に指示命令する時は、半分冗談でいつも私を「お前」と呼びました。たとえば、こんな感じです。

妻「おい、めしはまだか」
私「今、つくっている。もう少し待って」
妻「早くやれ」
私「はい」

私が掃除をしていると、
妻「なんだ、その掃除の仕方は！　お前を見ていると、四角いところを丸く、丸いところを四角くやっているだけではないか。見えない隅まできちんときれいにやれ」
私「はい」

洗濯物を干していると、
妻「なんだ、その干し方は！　ちゃんとしわを伸ばして、ピッと干せ、ピッと！」
私「はい」

金銭感覚もかなり異なりました。私が家計簿をつけていると、鼻でせせら笑い、「何のために家計簿をつけているのだ」と問われました。私が「どこに家計の無駄があるのか、こ

れをつけるとよくわかる」と答えると、
妻「子どももいないのに、節約してお金を残してどうするのか。誰のためにカネを残すのだ。それとも外に隠し子でもいるのか。言ってみろ」
私「……」
妻「自分で稼いだカネは自由に使え。誰にも残すことはないのだからね。わかったか」
私「はい」

このやりとりを読んだだけの人は、「なんてひどい妻だ」と思われるかもしれません。でも、それは違います。飾らない言葉でのやりとりは、私たち夫婦にとって、日常生活を面白おかしく暮らすための生活の知恵のようなものでした。家庭という舞台で、妻は「女城主」を、そして私は「家来」の役回りを演じていたのです。

妻の長所は、人付き合いに関する卓抜した能力でした。堅物で知られる私の祖父は一族の長であり、子どもや孫たちは怖くて近づくこともままならない存在でしたが、彼女は結婚後、その祖父の懐にするすると入り込みました。

すっかり気に入られて、家族が誰も聞いたことがなかった昔話を聞き出したりして、皆から驚かれていました。

また、世に言う「嫁姑の問題」で悩んだことは一度もありませんでした。彼女は姑である私の母、和子にたいへん気に入られて、いつも2人で百貨店で買い物をするなど、仲がよかったからです。

東京で暮らしていた時も、姑を札幌から呼び出して、2人でよく街歩きを楽しんでいました。年をとってからは、週2回のデイサービスに通っていましたが、そこでも周りの人たちをとりこにして、「姫様」などと慕われていたようです。

家事を完璧にこなす元頭取

「女城主・節子」の思い出は尽きません。

拓銀を辞めてから、私たちはずっと2人暮らしでした。私は妻に料理や洗濯、掃除などの主夫業を徹底的に仕込まれました。

洗濯物の干し方や、部屋の隅々まできれいにする掃除方法など、軍隊張りの厳しさでした。亡くなる少し前に、ぽつりともらした一言は、今でも覚えています。

「お前は、料理は上手だし、掃除も、洗濯も、何でもできるね。もういつ私がいなくなっても、何の心配もないね」

彼女のしごきは、自分が先に亡くなっても、私が男1人で生活できるようにするための準備作業だったのかもしれません。

実際、1人暮らしになった今、私は何不自由なく悠々と生活しています。たまに来客があると、男やもめの家にもかかわらず、隅々まで掃除が行き届いていて、調度品やモノがきちんと整理整頓されていることにしばしば驚かれます。

「誰か身の回りの世話をしてくれる女性でもいるんですか」と怪しまれるほどです。亡き妻への感謝の念は堪えません。

1年7カ月間、刑務所で生活した時には、往復で10時間もかかる強行軍にもかかわらず、姪と一緒に釧路刑務所まで4回も面会に来てくれました。しかし、不安や寂しさ、疲れを見せることなく、明るく振る舞うので、こちらも明るい気持ちになったものです。

出所して帰宅した夜も、何のお祝いもなく、銀行に通っていた頃と同じような夕食でした。翌日から私は家事をさせられました。

家庭では妻が船長、私は船員でした。今でも時々、船長を失った船の船員のように、おろおろしてしまうのが情けないです。

元行員たちのカンパ

頭取を辞任して以来、私はずっと無職です。退職金ももらっていませんし、日々の糧は公的年金だけです。勾留されていた時の保釈金は、兄に立て替えてもらいました。夫婦2人だけのつつましい生活で、何とかやりくりしていましたが、訴訟費用もかさみ、楽ではありませんでした。

そんな私たち夫婦の生活を助けてくれるため、拓銀時代のOBやOG、元部下たちがカンパをしてくれました。とてもありがたい話です。

北洋銀行に移った行員たちは、「もし北海道銀行に譲渡されていたら、支店長の多くは『戦犯』として辞めさせられたはず。北洋に移れたのは、河谷さんのおかげ」と思ってくれているそうです。

カンパが始まったのは、私が逮捕された1999年からでした。最初は夏と冬のボーナスの時に拓銀出身の支店長クラスの人たちだけでしたが、次第にカンパをしてくれる元行員は増えていきました。

そして、北洋銀行のプロパーの役員の方々も趣旨に賛同してカンパしてくださった。そ

札幌市中心部の拓銀本店跡地（現・北洋銀行本店）でたたずむ著者。「昔は地下歩道もなく、すすきのまで歩いていった」と当時を思い出す（提供 朝日新聞社）

う聞いた時には本当にありがたくて驚きました。刑務所に収監されている間もカンパは続き、最終的には2015年頃まで続きました。

拓銀からの営業譲渡作業を終えた北洋銀行は、1999年、札幌銀行と包括的業務提携を結びました。札幌銀行は、拓銀と人的つながりがあった銀行です。札幌銀行は、北海道相互銀行から札幌銀行に行名が変更された頃、拓銀から頭取として送り込まれたのが、潮田《うしおだ》隆氏です。私より10歳近く上の大先輩でしたが、優秀な方でした。

その潮田氏が札幌銀行会長となり、北洋銀行との経営統合に向けて動いたと聞いています。両行は2001年、地銀初の持ち株会社「札幌北洋ホールディングス」をつくって経営統合しました。

1999年から2006年は、大手行、地方銀行を問わず、経営統合が進みました。破綻処理という最悪期を脱した金融界で、生き残りへ向けた合従連衡が始まったのです。銀行だけでなく、証券業界、損害保険業界、生命保険業界など、あらゆる金融業界に再編の動きは波及しました。

北洋銀行と札幌銀行は、08年に合併。12年には子会社の北洋銀行が金融持ち株会社を吸収合併する形で、現在の北洋銀行になっています。

いまでは北洋銀行は預金量・貸出金ともに、道内では圧倒的な首位を誇ります。道内のシェアは34・79％と、2位の北海道銀行を大きく引き離しています。

私は、道内の銀行再編が全国的にも早く進んだ一因に、拓銀の破綻があると思っています。地域のリーディングバンクが破綻したことで、銀行経営者の危機意識がほかの地域よりも高かったのでしょう。

私は、かつて拓銀を「北海道の地方銀行の雄」にするというビジョンを持っていました。その夢は、形は違えど、拓銀のＤＮＡを受け継いだ北洋銀行として実現しました。北洋銀行が、拓銀の受け皿になってよかったとつくづく思います。

「動きすぎた」という後悔

私の銀行員生活を振り返ると、本当に私のやってきたことが正しかったのか、あれでよかったのかと、自問自答することがあります。

拓銀を何とか救おうと悪戦苦闘し、少し動きすぎたのではないか。海外からの撤退、国内店の大幅な統廃合、赤字決算をしてまでの多額の不良債権処理、運動部の廃止、相談役・会長・顧問の首切り、そして北海道銀行との合併交渉……。どれもマスコミの話題になることばかりでした。

このことが、かえって「そこまで拓銀の経営は苦しいのか」と世間に知らしめることになってしまったのではないか。結果的に拓銀の死期を早めてしまったのではないか。前任の山内頭取のように、何もしないでじっとしていたほうがよかったのか。そんなふうに自分を責めることもありました。

「正解」はどこにもありません。いずれにしても、あれほどの不良債権を抱えてしまった船は、遅かれ早かれ、いずれ沈没したと自分に言い聞かせています。

もう一つ考えるのが、自分自身の責任についてです。他人のことをとやかくいう前に自分の責任をどう思っているのか。

拓銀の破綻後、いろいろな人から「河谷は悪くない」「後始末しただけで責任をとらされて気の毒だ」といった言葉をかけられて、慰められてもらいます。それはありがたいことですが、「本当にお前に責任はないのか」と自問することがあります。

確かに不良債権を発生させた、直接の責任はありません。しかし、あれほどの不良債権が発生しているさなかに取締役、常務取締役、専務取締役、副頭取と要職を歴任しながら、破綻を防げなかった責任は重大であると言わざるを得ません。

別の部署にいたから知らなかった、では済まされないことです。破綻によって拓銀の株は紙くずとなり、保有していた多くの道内企業に多額の損失も与えることになりました。

心の中では「お前はギルティ（有罪）」と言っています。検察官の取り調べで「破綻罪という罪があるのならば認める」と言ったのも、こうした思いがあったからです。だから、刑務所行きが決まった時も受け入れたのです。

私は、拓銀の経営を巡る民事の損害賠償訴訟でも被告となりました。カブトデコム（本社・札幌）、エスコリース（同）、ソフィアグループ（同）、栄木不動産（本社・東京）、ミヤシタ（本社・帯広）の5件の融資に関連して発生した拓銀の損害を、私を含む13人の元幹部が賠償するよう求められました。最終的に、計101億円の賠償命令が出ています。

こんな事情もあり、破綻後はマスコミの取材は受けず、沈黙を守り通してきました。

妻の節子から「今後二度とマスコミに出てはならない」ときつくお達しを受けていたこともありました。そんな妻が急死した2017年は、破綻から20年目の節目の年でした。

亡き妻の逆鱗にふれたインタビュー

妻の死後間もなく、20年来何かと世話をしてくれた拓銀の後輩から「破綻から20年が経ったので、道新（北海道新聞）の記者と会ってくれないか」との話がありました。悩みましたが、「けじめをつけるために取材を受けよう」と決意しました。

私には子どももいませんし、思い残すこともありません。それならば、北海道を1世紀近くにわたって支えた拓銀の破綻の真相を、きちんと後世に伝えておきたいと思ったのです。道新の担当記者が元拓銀マンだったということも、取材を受ける理由になりました。

数回に及ぶ取材の末、私のインタビュー記事は、2017年10月から11月までの特集の連載記事として道新に掲載されました。すぐに妻の眠る墓へ行き、「言いつけを破ってしまい、ごめんなさい」と謝りました。そこで終わりにしておけばよかったのですが、「1社の取材を受けるのも、2社受けるのも同じだろう」と図に乗って地元のテレビ局や新聞社の取材を受けてしまいました。

すると、その翌日でした。特に予定もなかったのに、近所のスーパーに買い物に出かけたところ、道路で転倒してしまいました。脊椎損傷という大けがで入院する羽目になったのです。

雪もなく、路面も凍結しておらず、平坦な場所だったにもかかわらず、何か後ろから引っ張られるように転んでしまいました。私は子どもの頃から運動神経がよいほうで、転倒して骨折したのは、人生で初めてのことでした。

病院のベッドで、はたと気づきました。これは、亡き妻の怒りに触れたのだ。「私の言いつけを守らないで、いい加減にしろ。この馬鹿者が！」と怒られたような気持ちになりました。私は今でも、この大けがは妻からのきついお仕置きなのだと、固く信じています。

この大けが以来、マスコミの取材はすべてお断りするようにしてきました。朝日新聞もその1社でした。ところが、朝日新聞東京本社からの取材申込書を読んで、驚きました。差出人は、私の主任弁護人だった日浦力弁護士の息子さんの統《おさむ》記者でした。その文中には、日浦弁護士が2018年3月に亡くなったことが書かれていました。

出所後、お世話になった日浦弁護士に、あいさつに行けずじまいで、心残りになっていました。「何が何でも、この取材は受けなくてはならない」と連絡を取りました。「バブルの教訓、どこに」と題された私のインタビュー記事は、5月9日付の朝日新聞オピニオン面に掲載されました。その日はちょうど妻の1回忌の日でした。

「拓友会」からの誘い

明治の時代から北海道民に親しまれている「北海道神宮」。大鳥居から神宮本殿に向かって参道を歩き、神門の手前を左折し、森の中を抜けていったところに「穂多木《ほたき》神社」があります。北海道の「ホ」、拓殖の「タ」、銀行の「ギ」が転じて「キ」となったのが、命名の由来といいます。

もともとは拓銀本店の屋上に「札幌神社」（現・北海道神宮）の祭神を奉り、付属霊舎に拓銀の物故功労者の御霊を奉ったのが始まりでした。拓銀が普通銀行に転換した1950年には本店から札幌神社の境内に遷座されました。

100年近い歴史のある銀行でしたので、毎年6月には例祭が執り行われ、頭取が出席するのが恒例となっていました。私も頭取時代に2度、例祭に出席しました。

穂多木神社の並びには、北海道の開拓に携わった先人たちの功績を称える「開拓神社」や、道内の鉱業に従事して殉職した人を奉祀《ほうし》する「札幌鉱霊神社」があり、開拓の歴史を物語っています。

1997年に拓銀は破綻しましたが、北海道神宮には穂多木神社の慰霊は続けていただいています。破綻後も例祭に参加しているのが、「拓友会」のメンバーたちです。

拓友会は、拓銀が破綻した翌年、OBやOGらが交流や親睦を深めるために結成された団体です。会員は769人(2018年3月末現在)。北海道新聞と朝日新聞に私のインタビュー記事が出た後、「拓友会」から懇親会に出席しませんかとのお誘いを受けました。

私の誤った舵取りが原因で、拓銀は破綻してしまったわけですから、今なお私を恨んだり、嫌ったりしているOBやOGはたくさんいるだろうと思っていました。それだけに、出席するかどうか悩みました。さんざん逡巡した挙げ句、罪滅ぼしの意味も込めて一度、顔を出してみようと腹をくくりました。

懇親会は2018年7月25日、札幌市内のホテルで開かれました。平均年齢77・5歳の約90人の参加者を前に、私は立ちました。

「20年前に拓銀破綻という大変残念な事態に至りました。皆様に多大なご迷惑をおかけしたことにつき、当時の責任者として深くお詫び申し上げます。全力で処理にあたりましたが、最後は山のような不良債権に押し潰されたというのが実感で、力及ばず破綻という結果を招きましたことは、今でも誠に残念で申し訳なく、皆様に重ねてお詫び申し上げます」

最初は緊張していましたが、参加者の笑顔を見ているうちに、気持ちが落ち着いてきました。

「破綻後、沈黙を通してきましたが、昨年マスコミから取材の申し込みがあった際に、20年経過の区切りでもあり、北海道の金融界の大転換点であった当時について、自分が知っている範囲で口を開いたほうがよいのかなと思い、取材に応じることにしました。以来、ありがたいことに先輩、同輩、後輩などいろんな方から声をかけていただき、旧交を温めさせていただいており、大変うれしく思っております」

近況なども報告しましたが、心配していた私への批判は杞憂に終わりました。

会う人会う人みな「元気でよかったですね」「やっと出てきてくれましたね」と心から歓迎してくれました。恨みがましいことは言う人は1人もいませんでした。

拓友会に限らず、記事が出てからは先輩、同輩、後輩らから次々に連絡が寄せられるようになりました。それまでは皆、私に声をかけるのを遠慮していたと言います。

おかげさまで今は旧友の皆さんと月に数回、酒を酌み交わし、昔話に花を咲かせたり、好きな将棋を指したり、カラオケに行ったりと、さまざまな旧交を温めています。

二つの年金生活

この年齢になってつくづく感じるのは、年金には「お金の年金」だけでなく、「人の年金」もあるのだな、ということです。

私は銀行員生活のモットーとして「悪いことはしない」「意地悪はしない」という二つだけは、頑なに守ってきたつもりです。亡き妻の教えもあり、後輩の面倒も、できる限りみてきたつもりです。きっと後輩たちは、そのことをみていてくれたのでしょう。

20年以上経った今も、何のわだかまりもなく、喜んで私に付き合ってくれます。昔はそんなことは考えてもいなかったのに、今になって過去の行いが果実となって戻ってきたのです。

これが「人の年金」のようなものだと感じています。私にとっては、お金の年金もさることながら、人の年金はとてもありがたいものです。二つの年金生活を心から楽しんでいる昨今です。

よく人からこう言われます。

「河谷さんの人生は、波瀾万丈でしたね」

しかし、私はそうは思いません。そうではなく「面白かった」のです。よき妻に恵まれ、素晴らしい母や面倒見のよい兄、仲のよい弟や妹に囲まれました。

仕事ではよき先輩、同輩、後輩に恵まれました。つらいことも少しはありましたが、それを乗り越えることができたのも、こうした人間関係に恵まれたからこそだと思います。

残りわずかな人生ですが、人の縁を大切にしながら、「明るく元気に」をモットーに、旅の終わりまで走り続けたいと思っています。

おわりに

この本の主人公である河谷禎昌さんは、まさに「時代」という荒波に翻弄された人です。都市銀行の頭取から受刑者へ。文字通り、天国も、地獄も経験した人生です。

今回、バブルの生成と崩壊の過程を中心に、河谷さんにお話をうかがいました。２０１８年４月以降、15時間以上、計７回に及ぶインタビューをもとに、私の周辺取材を加えて再構成したのが本著です。

執筆を終えて、実感したのは、拓銀の破綻とは、日本の銀行行政が、大きく揺れ動いた渦中で起きた「悲劇」だった、ということです。拓銀より前にも、多くの地域金融機関が破綻に追い込まれていました。ただ、その大半は、大蔵省の検査や日本銀行の考査によって「自主再建は困難」と判断されたうえで、計画的に処理されたものでした。

拓銀は、そうではありませんでした。金融市場での資金繰りが急速に悪化し、否応なしに市場から退出を迫られた。市場原理主義のもとでの新しい銀行破綻でした。

当時は金融のグローバル化という世界の潮流を受け、大蔵省の銀行行政が「事前裁量型」から「事後チェック型」へと移行するさなかでした。それゆえ、拓銀の破綻については「グローバル・スタンダードに沿うもの」と積極的に評価する向きも多かった。公的資金を注入する見返りとして、銀行経営者の民事・刑事の責任を厳しく追及することもまた「グローバル・スタンダード」とされたのです。

河谷さんは、そんな時代の転換期において、拓銀と自分が「スケープゴート」の役目を担ったのだ、と何度も語りました。

その言葉を聞くうちに、私は次第にいたたまれない気持ちになりました。「スケープゴート」を求めたのは、ときの世論にほかならなかったと感じたからです。

私たち国民はバブルというユーフォリア（陶酔的な熱狂）に浮かれ、崩壊した怒りのやり場に困っていた。だから、破綻した銀行の経営者への厳しい責任追及に溜飲を下げたのではないか。検察を始め捜査当局は、その実行部隊となっただけだった。マスコミもまた国民の怒りの炎をいたずらにあおったのではないでしょうか。

1990年代末の金融危機を機に「事前裁量型」から「事後チェック型」になった銀行行政に今、揺り戻しの動きが出ています。その象徴が、厳密な検査が信条だった金融庁の検査局の廃止です。総合政策局、企画市場局、監督局の3局体制となった新・金融庁は、担保や保証に過度に依存せず、企業の将来性を見極めた融資や事業の再生に取り組むよう銀行を指導するようになりました。

少子高齢化や人口減で地方を中心に経営環境が厳しさを増していること、日銀の超低金利政策が長期化して銀行の経営体力も弱まっていることが背景にあります。「担保絶対主義」からの脱却といえば響きはよいのですが、経営に細かく口を出す大蔵省時代の「裁量行政」の復活とみてとれなくもありません。裁量行政と、事後チェック行政の間を振り子のように揺れ動く銀行行政。量的緩和を飛び越えて異次元緩和、ついにはマイナス金利にまで踏み込んでしまった日銀の金融政策、金融機関の大規模な再編劇と、IT化の進展。その変化の速さには時についていけなくなります。

私は北海道育ちで、河谷さんの大学の後輩でもあります。道内のリーディングバンクだった拓銀は、大学4年生の就職活動でOB訪問もしたし、勤めていた友人や知人も多い。それだけに、1997年11月の拓銀の破綻は、決して「他人事」とは思えませんでした。

新聞記者になってからは、いくつもの「銀行ネタ」に遭遇する機会がありました。初任地の和歌山支局では、のちに戦後初の業務停止命令を受けた阪和銀行の副頭取射殺事件を取材。2カ所目の神戸支局では、阪神淡路大震災の影響による兵庫銀行の経営破綻を目の当たりにしました。破綻した兵庫銀行の幹部を背任容疑で立件しようと兵庫県警が捜査した事件の取材にも関わりました。その後、大阪、東京両本社の経済部を経験し、いくつもの金融機関の破綻や再編、金融行政などを取材しました。

自らの記者経験から振り返っても、日本の経済界で、この四半世紀余りで最も大きく変化したのは、金融業界であるということは間違いなく、「時代に翻弄された」という河谷さんの話は、いずれも腑に落ちました。

グローバル化やＩＴ化が進んだことで、私たちの社会は、あらゆる面において不安定化しているのではないでしょうか。米国のトランプ大統領の登場で、第二次大戦後に形成された、世界の自由貿易体制は大きく揺らいでいます。北朝鮮の核ミサイル開発にともない、流動化してきた安全保障環境もしかりです。

時代の「転換期」という荒波に、私たちが巻き込まれてしまう可能性はますます強まっています。だからこそ、河谷さんの体験から浮き彫りになる教訓を学んでおきたいと思います。世論は時代によって大きく変わり、政治も行政もその影響を大きく受けること。昨日までの常識が一夜にして変わるときがあること。社会や国家というバケモノは否応なく、個人に襲いかかることがあること。

本著の執筆の端緒となったのは、２０１8年5月9日付の朝日新聞オピニオン面に掲載されたロングインタビュー記事「バブルの教訓、どこに」でした。記事のデスクワークをしていただいた、伊藤裕香子・オピニオン編集部次長（現・論説委員）、詳細な本著の査読及び助言をいただいた、長谷川利幸・オピニオン編集長代理、日常業務の合間をぬっての追加取材を快諾していただいた、南島信也・オピニオン編集長にも感謝を申し上げたい。

北海道二十一世紀総合研究所の中村栄作社長ほか、拓銀ＯＢの方々には取材に際して多大なご協力をいただきました。和田丈夫、祖母井里重子両弁護士には、法律面での理解について貴重な助言をいただきました。河谷さんの実兄である泰昌弁護士にも、貴重な証言や資料を提供いただきました。

最後に、私の父、日浦力は、拓銀特別背任事件の訴訟で河谷さんの主任弁護人を務めました。２０１８年3月に74歳でこの世を去りましたが、10年に及んだこの訴訟は思い入れも深かったようで、ことあるごとに問題点を指摘していました。

札幌地裁の無罪判決のちょうど15年後の深夜に倒れ、帰らぬ人となったこともどこか因縁を感じます。今回、河谷さんにインタビューをさせていただき、ともに本を著すことができたのも、亡き父の結んでくれた縁だと思います。心より謝意を表したい。

日浦統

◎主要参考文献（刊行年順）

本書の執筆にあたり、多くの先行書誌を参考にしました。主要な文献を以下に列挙し、著者や編者の皆様に心から敬意を表するとともに、深く感謝申し上げます。

北海道拓殖銀行『北海道拓殖銀行史』（北海道拓殖銀行、1971年）
松井覺進『阿波丸はなぜ沈んだか－昭和二十年春、台湾海峡の悲劇』（朝日新聞社、1994年）
ネルソン・マンデラ『自由への長い道－ネルソン・マンデラ自伝』（日本放送出版協会、1996年）
朝日新聞経済部『大蔵支配－歪んだ権力』（朝日新聞社、1997年）
朝日新聞経済部『経済危機－21世紀システムへの道』（朝日新聞社、1998年）
日本経済新聞社編『日本が震えた日－ドキュメント・97秋金融危機』（日本経済新聞社、1998年）
山脇岳志『日本銀行の真実－さまよえる通貨の番人』（ダイヤモンド社、1998年）
西村吉正『金融行政の敗因』（文藝春秋、1999年）
朝日新聞経済部『金融動乱－経済システムは再生できるか』（朝日新聞社、1999年）

北海道新聞社編『拓銀はなぜ消滅したか』（北海道新聞社、1999年）
軽部謙介、西野智彦『検証　経済失政－誰が、何を、なぜ間違えたか』（岩波書店、1999年）
北海道新聞取材班編『解明・拓銀を潰した「戦犯」』（講談社、2000年）
産経新聞取材班『ブランドはなぜ墜ちたか－雪印、そごう、三菱自動車　事件の深層』（角川書店、2001年）
北澤正敏『概説　現代バブル倒産史－激動の15年のレビュー』（商事法務研究会、2001年）
松崎隆司『会社破綻の現場』（講談社、2003年）
佐藤優『国家の罠－外務省のラスプーチンと呼ばれて』（新潮社、2005年）
芦部信喜『憲法　第四版』（岩波書店、2007年）
佐藤優『獄中記』（岩波書店、2009年）
新藤宗幸『司法官僚－裁判所の権力者たち』（岩波書店、2009年）
鈴木恒男『巨大銀行の消滅－長銀「最後の頭取」10年目の証言』（東洋経済新報社、2009年）
清水真、阿南剛「北海道拓殖銀行特別背任事件最高裁決定の検討」（旬刊商事法務1897号、2010年）

品田智史「銀行の代表取締役頭取による不良貸付が特別背任罪における任務違背として認められた事例－北海道拓殖銀行事件最高裁決定」（刑事法ジャーナル22号、２０１０年）
国弘正『修羅場の経営責任－今、明かされる『山一・長銀破綻』の真実』（文藝春秋、２０１１年）
渡辺一史『北の無人駅から』（北海道新聞社、２０１１年）
吉村昭『新装版　赤い人』（講談社、２０１２年）
郷原信郎、江上剛『銀行問題の核心』（講談社、２０１４年）
菊地浩之『図解　合併・再編でわかる日本の金融業界－メガバンク・メガ生損保・３大証券の興亡』（平凡社、２０１５年）
大森泰人『霞ヶ関から眺める証券市場の風景－再び、金融システムを考える』（金融財政事情研究会、２０１５年）
高向巌『ある金融マンの回顧　拓銀破綻と営業譲渡』（北海道新聞社、２０１７年）
週刊ダイヤモンド「山一・拓銀破綻から20年」（ダイヤモンド社、２０１７年11月25日号）
浜田寿美男『虚偽自白を読み解く』（岩波書店、２０１８年）
玉城英彦ほか『刑務所には時計がない－大学生が見た日本の刑務所』（人間と歴史社、２０１８年）

河谷禎昌氏のプロフィール

1935（昭和10）年1月17日、神戸市生まれ
父が裁判官をしており、兵庫県芦屋市、和歌山県田辺市など近畿地方を転々とする
1941（昭和16）年　大阪・住吉の国民学校に入校
1944（昭和19）年　母方の祖父が住む札幌市に疎開。札幌中央創成国民学校に編入
1945（昭和20）年　奈井江村に再疎開。奈井江国民学校に編入
インドネシアで司政官だった父が「阿波丸」で帰国途中、米潜水艦に撃沈されて死亡
1947（昭和22）年　新制奈井江中学校に入学
1950（昭和25）年　4月に道立砂川北高校に入学。6月に道立札幌北高校編入
1953（昭和28）年　北海道大学法学部入学
1957（昭和32）年　北海道拓殖銀行入行。札幌南支店に配属
6年半勤務し、銀行マンとしての基礎をつくる
1961（昭和36）年　先輩行員だった後藤節子さんと婚姻
1963（昭和38）年　札幌本店調査部企画課に異動
1965（昭和40）年　労働組合に出向。給与担当執行委員を務める
1966（昭和41）年　東京本店に異動

1968（昭和43）年　労働組合に出向。副委員長を務める
1970（昭和45）年　本店業務1課に異動
1972（昭和47）年　東京・板橋支店次長に異動
倒産が多く、債権回収業務などにあたる。不良債権処理のコツを身につける
1974（昭和49）年　札幌本店業務本部個人課長に異動
個人預金を集める狙いで新設された個人課の廃止を訴え、1年足らずで廃止に
1975（昭和50）年　札幌本店企画部次長に異動
1979（昭和54）年　横浜支店長
横浜銀行の強い影響基盤に太刀打ちできず、「業績不良店」に認定される
1981（昭和56）年　札幌本店営業部副本店長
1983（昭和58）年　札幌業務企画部付部長
全国銀行協会の裏組織である「都銀懇」の幹事役を半年間務める
1984（昭和59）年　札幌本店企画部長
道内大手建設会社「岩倉組」の経営再建を手がける
1986（昭和61）年　取締役に就任。東京業務本部の副本部長
1989（平成元）年　常務取締役。札幌本店の業務本部長

1992（平成4）年　専務取締役
カブトデコムやエスコリースといった問題案件の処理にたずさわる
1993（平成5）年　副頭取
1994（平成6）年　13代目の頭取に就任
1997（平成9）年　4月に北海道銀行との合併構想を発表
11月に経営破綻。頭取退任
1999（平成11）年　山内宏元頭取らとともに北海道警に特別背任容疑で逮捕される
2003（平成15）年　札幌地裁で無罪判決
2006（平成18）年　札幌高裁で地裁判決が破棄されて実刑判決
2009（平成21）年　11月に最高裁で被告の上告棄却。二審の実刑が確定
12月に札幌刑務所に収監される
2010（平成22）年　1月に釧路刑務所に移監される
2011（平成23）年　仮釈放で出所
2017（平成29）年　5月に妻節子を亡くす
11月、破綻から20年。北海道新聞などのインタビューに応じる
2018（平成30）年　朝日新聞のインタビューに応じる

北海道拓殖銀行と金融政策、銀行行政などを巡る主な動き

1899(明治32)年　北海道拓殖銀行法が公布

1900(明治33)年　北海道拓殖銀行が開業。初代頭取に曽根静夫氏が就任

1945(昭和20)年　終戦

1950(昭和25)年　4月　拓銀が普通銀行に転換

6月　北海道開発庁が設置

1955(昭和30)年　11月　拓銀が都市銀行に加入

1962(昭和37)年　東条猛猪氏が拓銀9代頭取に就任

1964(昭和39)年　10月　東京オリンピック開催

東海道新幹線開業

1970(昭和45)年　3月　大阪万国博開催

1972(昭和47)年　2月　札幌冬季オリンピック開催

1973(昭和48)年　2月　円が変動相場制に移行

12月　第1次石油ショック。狂乱物価

1977(昭和52)年　10月　五味彰氏が拓銀10代頭取に就任

1978(昭和53)年　5月　第二次石油ショック

1983(昭和52)年　鈴木茂氏が拓銀11代頭取に就任。

1985(昭和60)年　9月　プラザ合意

1987(昭和62)年　2月　ルーブル合意

4月　国鉄分割・民営化

10月　ニューヨーク株式市場が大暴落(ブラックマンデー)

拓銀特別背任訴訟関連年表

1997年11月17日　北海道拓殖銀行が経営破綻

1998年10月1日　旧拓銀役員の法的責任追及を検討していた、拓銀の「与信調査委員会(土屋公献委員長)」が不正融資の疑いで、頭取経験者2人を東京地検に刑事告発

13日　北海道警に告発

14日　東京地検が事件を札幌地検に移送

1999年3月2日　山内、河谷両元頭取、広瀬・元常務、中村元社長の4人を道警が逮捕

24日　札幌地検が3人を起訴。広瀬・元常務は処分保留で釈放

7月22日　初公判。検察側が冒頭陳述。山内、河谷、中村の3人はともに起訴事実を否認して無実を主張

8月5日　山内氏が釈放

6日　河谷、中村両氏が釈放

30日　第2回公判

9月17日　第3回公判

30日　第4回公判

10月7日　第5回公判　鷲田・元頭取代行の証人尋問①

1988（昭和63）年　3月　青函トンネルが開業
4月　ソフィアグループの札幌テルメが茨戸地区に開業
1989（平成元）年　1月　昭和天皇が崩御
4月　山内宏氏が拓銀12代頭取に就任
4月　消費税導入。税率は3％
5月　日本銀行が公定歩合を相次いで引き上げ（2・5％から3・25％に）
12月　日経平均株価が史上最高値の3万8915円
1990（平成2）年　3月　大蔵省が不動産業向け融資の総量規制を導入
9月　「たくぎん21世紀ビジョン」公表
1991（平成3）年　7月　日銀が金融引き締め解除（公定歩合を6％から5・5％に引き下げ）
1992（平成4）年　大蔵省が大手21行の不良債権が12兆3000億円、回収不能が4兆円と発表
1993（平成5）年　4月　ソファイグループのテルメインターナショナルホテルが開業
6月　カブトデコムグループのエイペックスリゾート洞爺が開業
12月　エスコリースの融資先のECCが事

18日　第6回公判　証人尋問②
28日　第7回公判　証人尋問③
11月29日　第8回公判　証人尋問④
12月6日　第9回公判　証人尋問⑤
16日　第10回公判
2000年1月20日　第11回公判
31日　第12回公判　広瀬・元常務が検察側証人で出廷
2月17日　第13回公判　同上
28日　第14回公判
3月13日　第15回公判
30日　第16回公判
4月17日　第17回公判
27日　第18回公判
5月15日　第19回公判
6月1日　第20回公判
12日　第21回公判
29日　第22回公判
7月6日　第23回公判
17日　第24回公判
8月17日　第25回公判
28日　第26回公判

実上倒産
1994（平成6）年　6月　河谷禎昌氏が拓銀13代頭取に就任
12月　拓銀が大蔵省から「決算承認銀行」に指定される
1995（平成7）年　1月　阪神淡路大震災
8月　兵庫銀行、木津信用組合が破綻
大和銀行ニューヨーク支店で巨額損失が発覚
5月　拓銀が3月期決算で初の経常赤字を計上
1996（平成8）年　4月　三菱銀行と東京銀行が合併して東京三菱銀行に
住専処理法が成立
政府が「金融ビッグバン構想」を発表
5月　拓銀が3月期決算で最終赤字を計上
人員削減含むリストラ策を発表
1997（平成9）年　4月　消費税率を5％に引き上げ
4月　拓銀と北海道銀行が合併協議入りを発表
9月　拓銀と北海道銀行が合併の半年延期を発表
11月　三洋証券が会社更生法の適用を申請
コール市場で初の債務不履行

9月14日　第27回公判
25日　第28回公判
10月19日　第29回公判
30日　第30回公判
11月13日　第31回公判
27日　第32回公判　広瀬氏を取り調べた検事が出廷
12月11日　第33回公判
21日　第34回公判　検察側立証が終了
2001年2月26日　第35回公判　弁護側の冒頭陳述
4月5日　第36回公判　証人尋問
23日　第37回公判
5月21日　第38回公判
31日　第39回公判　証人尋問終了
6月11日　第40回公判　山内被告人質問①（弁護側）
25日　第41回公判　同②（弁護側）
7月2日　第42回公判　同③（弁護側）
16日　第43回公判　同④（検察側）
8月30日　第44回公判　同⑤（検察側）
9月13日　第45回公判　河谷被告人質問①（弁護側）
27日　第46回公判　同②（弁護側）
10月11日　第47回公判　同③（検察側）
22日　第48回公判　同④（検察側）

拓銀が経営破綻。北洋銀行への営業譲渡を発表
山一証券が自主廃業
徳陽シティ銀行が破綻

1998(平成10)年
金融再生法と金融早期健全化法が成立
3月 大手21行に1兆8000億円の公的資金注入
ソフィアグループの主要3社が自己破産を申請
6月 金融監督庁(現・金融庁)発足
10月 日本長期信用銀行が破綻し、一時国有化
11月 拓銀の北洋銀行と中央信託銀行への営業譲渡が完了
12月 日本債券信用銀行が破綻し、一時国有化

1999(平成11)年
3月 河谷、山内元頭取らが特別背任容疑で逮捕
3月 日本銀行が実質ゼロ金利政策を導入
3月 大手銀行15行に7兆円超の公的資金注入
9月 北洋銀行が札幌銀行と包括的業務提携

2000(平成12)年
7月 金融監督庁を金融庁に改組

11月5日 第49回公判 中村被告人質問①
19日 第50回公判 同②
12月3日 第51回公判 同③
17日 第52回公判 同④

2002年1月28日 第53回公判 河谷氏を取り調べた検事の証人尋問
2月14日 第54回公判 山内氏を取り調べた検事の証人尋問
25日 第55回公判 元常務の調書を巡り山内氏の弁護人が証人で出廷
3月11日 第56回公判
28日 第57回公判 証拠調べ終了
5月30日 第58回公判 論告求刑。山内・河谷に懲役5年、中村に同3年
9月2日 第59回公判 弁護側最終弁論

2003年2月27日 札幌地裁で無罪判決(小池勝雅裁判長)
3月13日 札幌地検が控訴

2004年2月 札幌地検が控訴趣意書を札幌高裁に提出
12月 弁護側が答弁書を札幌高裁に提出

	9月	富士銀行、第一勧業銀行、日本興業銀行が経営統合し、みずほホールディングス（現・みずほフィナンシャルグループ）に
2001（平成13）年	3月	日銀が量的緩和政策を導入
	4月	北洋銀行が札幌銀行と経営統合。札幌北洋HDを設立
	4月	さくら銀行と住友銀行が合併して三井住友銀行に
	4月	三和、東海、東洋信託銀行が経営統合してUFJホールディングスが発足
2002（平成14）年	10月	金融庁が「金融再生プログラム」を公表。大手行は2004年度までに貸出残高に占める不良債権の比率を半減させるように求める
2003（平成15）年	5月	りそなグループに公的資金2兆円の注入決定
2004（平成16）年	8月	金融機能強化法が施行（地域金融機関に予防的に公的資金の注入が可能に）
2005（平成17）年	4月	ペイオフ解禁（決済用預金以外の預金保護が元本1000万円とその利息までに）
2006（平成18）年	1月	東京三菱銀行とUFJ銀行が合併し、

2005年12月15日	札幌高裁で控訴審初公判　1回で結審
2006年8月31日	札幌高裁で控訴審判決（長島孝太郎裁判長）山内・河谷に懲役2年6月、中村に同1年6カ月の逆転実刑判決
9月7日	山内被告が最高裁に上告
9月	河谷、中村両被告も最高裁に上告
2009年11月9日	最高裁が上告棄却（那須弘平裁判長）二審判決が確定
12月7日	河谷氏が札幌刑務所に収監、後に釧路刑務所で服役
22日	中村氏が札幌刑務所に収監
25日	山内氏の健康状態を考慮して、刑の執行停止
2010年1月27日	河谷氏が釧路刑務所に移監
2011年7月26日	河谷氏が仮釈放
11月22日	山内氏が死去

三菱東京UFJ銀行に

3月 日本銀行が量的緩和政策を解除

7月 日銀がゼロ金利政策を解除

2008（平成20）年

7月 ザ・ウィンザーホテル洞爺が主要国首脳会議の会場に

9月 リーマンショック

10月 北洋銀行が札幌銀行と合併

2009（平成21）年

12月 中小企業金融円滑化法が施行（金融機関に返済猶予など貸し付け条件変更に応じる努力義務を課す）

2010（平成22）年

9月 日本振興銀行が金融庁に破綻申請。ペイオフが初発動

10月 日銀のゼロ金利政策が復活

2011（平成23）年

3月 東日本大震災。福島第一原発事故

4月 住友信託銀行と中央三井トラスト・ホールディングスが経営統合し、三井住友トラスト・ホールディングスに

2013（平成25）年

4月 日銀が異次元緩和政策を導入

2014（平成26）年

4月 消費税が8%に引き上げ

2016（平成28）年

2月 日銀がマイナス金利を導入

3月 北海道新幹線が開業

［著者］
河谷禎昌（かわたに・さだまさ）
1935年神戸市生まれ。北海道大学法学部卒業。57年に北海道拓殖銀行入行。祖父と兄は弁護士、父は裁判官の法曹一家。94年6月から97年11月の経営破綻まで頭取を務めた。破綻後、特別背任罪で実刑判決が確定。2009年12月から1年7カ月服役した。

［構成］
日浦統（ひうら・おさむ）
朝日新聞オピニオン編集部記者。1970年東京生まれ、北海道育ち。北海道大学法学部卒業。93年に朝日新聞社入社。経済部で日銀、財務省、金融庁、証券会社など金融関連を広く担当したほか、小売・流通、総務省、厚労省なども担当。2017年9月から現職。

最後の頭取
北海道拓殖銀行破綻20年後の真実

2019年2月6日　第1刷発行
2019年2月28日　第2刷発行

著　者――河谷禎昌
発行所――ダイヤモンド社
〒150-8409　東京都渋谷区神宮前6-12-17
http://www.diamond.co.jp/
電話／03･5778･7227（編集）　03･5778･7240（販売）
装丁・本文デザイン――大場君人
製作進行――ダイヤモンド・グラフィック社
印刷――――堀内印刷所（本文）・新藤慶昌堂（カバー）
製本――――ブックアート
編集担当――斎藤順

ISBN 978-4-478-10651-8